トップセールスが明かす世界一ゆるい営業術

のび太でも売れます。

酒井晃士
Kouji Sakai

水王舎

本書は
こんな気持ちの人に
読んでもらいたい一冊です。

▼会社に行きたくないと毎朝悩んでいる

▼ダメな自分に本当にうんざりしている

▼周囲にデキる人間が多くてへこみっぱなし

じつは、これ、かつての僕の姿でもあります。
でも、もう大丈夫。
本書の中に、ドラえもんの〝ひみつ道具〟を
たくさん用意しましたので。

さあ、全国の「のび太くん」
一緒に立ち上がりましょう！

はじめに
〜この本を読んでほしい、全国の「のび太くん」へ〜

「のび太くん！」

みなさんは、会社で自分がそんなふうに呼ばれたらどう思いますか？

え、のび太？　なんだかデキないやつの代名詞みたいで嫌だな……。

きっと、そう思う人が多いのではないでしょうか。

でも、中には、「のび太かぁ、なんかフツーっぽくて和む。俺が俺が、みたいなジャイアンタイプばかりだと疲れるし……」と感じる人もいると思うのです。

じつは、僕は典型的な「のび太くん」タイプの人間です。

競争なんて、できればしたくない。面倒くさいことは大嫌い。プレッシャーに弱い。目立たなくていいから、自分のペースでのんびりやりたい。

でも、いざ世の中に出ると、そんなのび太くんには厳しい現実が待っています。

会社なんて、まさにそうです。ジャイアンみたいに無茶振りをしてくる上司や、周りの状況にうまく合わせて世渡りするスネ夫みたいな競争相手に囲まれ、「のび太もちゃんとやれよ！」と追い立てられるような日々を送らなければいけません。

ですが、ちょっと思い出してください。あの国民的マンガ『ドラえもん』の中で、のび太くんの将来はどうなったでしょうか？　そうです。なんだかんだ自分で自分の運命を変えて、しずかちゃんという憧れの女性と結婚までしてハッピーエンドになりました。

いやいや、そんなのマンガの世界の話でしょ？　と、醒めた気持ちになっている人もいるかもしれません。しかし、僕の経験からいうと、**案外、世の中は「のび太くん」タイプなりに、うまくいく方法がたくさんあるのです**。

もちろん、目立つのはジャイアンや出木杉くんみたいなタイプですが、体育会系の体力勝負の競争や、秀才たちの頭脳競争は、ライバルが多くて大変です。

それに比べて、**パッと見で目立たない「のび太くん」タイプは、ガツガツ競争することがないので、マイペースでラクです**。だから、余計な消耗をすることなく、ゆるく自分の目標を達成できる。

周りから見たら不思議かもしれません。

なぜ、必死で頑張っている自分は結果が出せず、マイペースなのび太くんのほうがうまくいくんだろう、と。

でも、それは不思議でもなんでもありません。


人間はずっと必死で頑張り続けることなんて、そもそも無理なんです。

今の世の中は、完全なる競争社会です。そして、その競争に勝ち残るために、「必死なタイプ」の人が増えています。しかし、みんなが同じようなやり方で必死に競争しているので、結果が出にくいし、ストレスも溜まる一方なのです。


「明日も会社に行くのが嫌だ……」

「本当は、今の仕事が好きじゃない……」

「家族のために、仕方なく働いている……」

「激務やプレッシャーで押しつぶされそう……」

もし、みなさんがそんなふうに苦しい思いをしているのであれば、ちょっと立ち止まってみてほしいのです。

そういう人は、本当は**「のび太くん」みたいな生き方**が性に合っているのかもしれません。それなら、**無理に頑張って競争をするのではなく、のび太くんなりに無理なくやれる方法を身につけたほうがいいと思いませんか？**

だからこそ、僕は、この本で伝えたいのです。

必死に頑張らなくても、ちゃんと結果は出せるし、ゆるくマイペースでやったほうが、結果的に自分もみんなも幸せにできるんだよ、と。

仕事をしていれば、ときには嫌になることだってあるでしょう。ですが、そこからちゃんと回復できる「ひみつ道具」があるのです。それを手に入れる方法を、本書では余すところなくお伝えしていきます。

また、コラムでは、「どうしても元気になれない……」というときに、自分の心をリセットして切り替え、また前に進んでいける方法を紹介していきます。カフェでお茶を飲んでいるようなラクな気持ちで読み進めてくださいね。

それでは早速タイムマシンに乗って、入社後泣きべそをかいていた、典型的な「のび太くん」だった頃の僕に会いに行きましょう。

第1章

「のび太くん」でも自信を持つためには

第2章

嫌な営業の仕事と向き合うためには

第3章

お客さまといい関係を築くためには

第4章

コミュニケーション下手を克服するためには

第5章

自分なりにでも成長を目指すのなら

第6章

折れた心を回復させるためには

のび太くんが見た悪夢

もうダメだ――。

同期たちのキラキラした笑顔の中で、僕はすでに涙目になっていました。

そう、まるでジャイアンに、無理やり苦手な野球チームに入団させられた「のび太くん」のように、その場から逃げ去りたかったのです。

２００６年の春。僕は、モバイルコミュニケーションの最先端を走る、ＮＴＴドコモに入社しました。いわゆる「携帯キャリア」と呼ばれる最大手の通信会社です。

大学では理工系の学部で「生産性向上」というテーマを黙々と研究してきた僕は、当然、エンジニア職か研究職などに配属されるものと思っていました。

ところが――。

現場研修を終え、僕が配属されたのは関東地方の支店の法人営業部だったのです。

（え～⁉　僕が営業？　しかも法人相手？　これはなにかの間違いだ！）

僕の心の声は、そう叫んでいました。

入社当時の僕は、外見はいかにも弱々しく、おまけに大きなメガネをかけていました。そして、早速ついたあだ名が「のび太くん」。

実際、僕はマンガに登場するのび太くんのように、たくさんの人とかかわるよりは、一人であやとり……ではなく、研究をしているほうが楽しい人間だったのです。


そんな僕が、法人相手の営業部に配属されるなんて、まるで巨大なモンスター相手に一人で戦えと命令されているようで、全身が恐怖感でいっぱいになりました。

「営業なんて無理……」と半べそをかき、先輩からも「のび太くん、大丈夫か？」と呆れられる始末……。

ちなみに、どうして僕がそんなに営業という仕事に恐怖を感じていたのかというと、**「営業は人に嫌われる仕事」**というイメージを強く持っていたからです。

暑くても寒くても外回りを続け、ひたすらペコペコと頭を下げる。にもかかわらず、お客さまから煙たがられて、断られ続け、ただただ罵倒される日々——。でも、「実際やってみたら、そこまで悪いものではないかもしれない」と、なんとか自分に言い聞かせ、一縷《いちる》の望みを抱いて営業の仕事を始めたのです。

僕が担当することになったのは、移動体通信の世界で「M2M＝Machine to Machine（マシーン・ツー・マシーン）」と呼ばれる「機器間通信」の営業でした。「M2M」を導入すると、たとえば、日本中あらゆるところに設置されている自動販売機の販売状況や、故障などの情報を自動でデータ管理できます。つまり、自動販売機が設置されている現場に行っていちいち点検しなくても、携帯端末を持っていれば、一つひとつの自動販売機を、遠隔で簡単にチェックできるようになるわけです。

当然、訪問するお客さまは、いろんな機器を日本中に設置し、ビジネスに利用している企業ということになります。一対一のコミュニケーションすら苦手な僕にとっては、企業の担当者とその上司や関係者を相手に営業するなんて、不安で気が遠くなりそうでした。

そして、わかりやすいぐらい緊張してこわばった顔で、お客さまを訪問して回った僕を待っていたのは、恐れていた通りの反応だったのです。

「なんの用？　うちは、そんなのいらないよっ！」

「忙しいって言ってるのに、帰れっ！」

予想通り、煙たがられ、断られ続け、ときには罵倒される日が続きました。

（ううっ、僕、一体なにやってるんだろう……）

いっそのこと、もう会社なんて辞めたほうがいいんじゃないか。転職してラクになるべきじゃないか。そんな気持ちが強くなっていきました。

そして僕は、本当にマンガの『ドラえもん』の世界に逃避していったのです。

あるとき『ドラえもん』の世界に浸っていると、一つのエピソードが目に留まりました。

その内容は、のび太くんがタイムマシンに乗って大人になった自分に会いに行き、うだつがあがらなくても家族のために頑張ろうとしている自分を目にして、その姿に刺激を受けるというものです。

そしてのび太くんは、頑張ろうと決心します。

ところが、その決心は、現代に帰る道すがら、だんだん揺らいでいきます。

「毎日は大変だから、1日おき……。いや、2、3日おき……。いや、やれる範囲で頑張るぞ！」

目標をゆるくしたのび太くんに、ドラえもんはこう言いました。

「それでこそ、のび太くんだ！」

そう、ドラえもんはのび太くんを褒めたのです。

僕はこのエピソードを読んで、**世間でよく評価される必死な頑張りよりも、自分のペースでやれることを積み重ねるほうが、自分を変えられるのかもしれない**と思ったのです。

のび太くんとドラえもんに真実を教えられたような気がした僕は、途端にスーっと心が軽くなりました。

そして、心の中で自分にこう言い聞かせたのです。

▼別に営業が好きじゃないなら、それはそれでいいと認める
▼できないことを一所懸命にやるのはやめる
▼できることを自分らしく淡々とやっていく

できない自分を無理に追い込んでいったとしても、自分がつぶれてしまうだけです。それなら、開き直りでもいいから**「自分はこうするしかない」と、素直に自分で自分を認めてあげれば、それまでの苦しさが嘘みたいにラクになる**のではないでしょうか。

実際、僕は「自分に嘘をつかず、やれることだけでもちゃんとやろう」と、ゆるい営業をするようになった途端に、なぜかお客さまが怖くなくなりました。

さらに、それまではどんなに必死に近づこうとしても拒絶されてばかりだったお客さまから、逆に話しかけてくれるようにもなりました。こんなふうにお客さまと自然な距離感で話ができるようになり、営業の成績もグングン上がっていったのです。

そして僕は一つの答えにたどり着きます。


「必死にならず、よくある営業本に書かれていることの真逆をやればいいんだ」


みなさんも、一般的な営業ノウハウ本などに書かれているような内容を見て「それができれば苦労しないよ」と思ったことはありませんか？

そんな人は、僕と同じ「のび太くん」タイプの人間かもしれません。

元々すごい人が、すごいことをやれば成果が出るのは当たり前なのです。

でも「のび太くん」には、それは無理です。彼のようなタイプの人は、**どうすれば、マイペースでコミュニケーション下手でも、無理なく成果が出せるようになるのか？** を知りたいはずです。


本書は、そんな僕のような切実な願いを持っている人に「今日から活用できる、無理に頑張らなくてもうまくいくテクニック」を紹介していく本です。

▼**営業用の自分なんてつくれない**
▼**人間関係で苦手なタイプが多い**
▼**そもそも人と会うのが苦手**
▼**大事なときに限ってミスって後悔しがち**
▼**電話応対でしどろもどろになる**

ひとつでも当てはまるものがあったら、ぜひ、これからご紹介する**「のび太くんでもできるノウハウ」**を取り入れてみてください。絶対に「おおっ！」と思える変化が起こるはずです。

現在の僕は、外見は相変わらず「のび太くん」ですが、もう「営業が嫌だ」なんて思うことはなくなりました。

あくまで参考ですが、今現在の僕の業績や立場は、次の通りになっています。

▼5期連続で目標額300％以上の達成率を実現（10人分の組織目標額5000万円を1人で達成）

▼2万人以上のグループ社員の中から20代で3度のビジネス表彰（社長賞）を受賞

▼日本各地の営業拠点と連携し、プレゼン、折衝《せっしょう》手法について指導。各拠点において昨年度比平均150％以上の売上向上を実現

▼コミュニケーションを中心に社外からの講師依頼多数。ビジネスパーソン、就活生を中心に個人面談ベースで既に100人以上を指導。スキル、マインド両面での支援が好評を博す

▼31歳で主査（係長）に昇進

また、自分の目指す考えにいちばん相応しい師匠であり、営業の神様でもある和田裕美さんにもお会いすることができました。

そして、30歳を過ぎたばかりで、こうして本を書く機会にも恵まれたわけです。

もう一度、念のために言っておきますが、こうした成果を出せるようになるま

でに、僕自身はなにも無理な頑張りはしていません。「のび太くん」にそんなことが向いていないのは、僕がいちばん知っています。

のび太くんが、のび太くんなりに自分に自信を持てるようになったのです。

「いちばんいけないのは、自分なんかダメだと思い込むことだよ」

これは、とあるエピソードの中で、のび太くんがドラえもんに恋愛のアドバイスとして贈った言葉です。

そう、彼はちゃんと「できない人」が「できる人」になるための方法を知っていたのです。この言葉を、本書を手に取ってくださったあなたに贈ります。

それでは、「のび太くんでも無理なくできるようになるノウハウ」を一緒に学んでいきましょう！

ブックデザイン　鈴木大輔・江﨑輝海（ソウルデザイン）
編集協力　夏川賀央（メイク・デイズ・ファクトリー）
弓手一平（ふみぐら社）

第1章

「のび太くん」でも自信を持つためには

01

外見にどうしても自信が持てないのなら……

「のび太くん」といえば、その象徴はなんといってもメガネだと思います。

かくいう僕のトレードマークも、メガネです。

そこで突然ですが、みなさんはメガネに対してどんな印象をお持ちでしょうか？

僕の場合、パッと思い浮かぶのは、牛乳瓶の底のようなぶ厚いレンズに、ぐるぐる模様でデフォルメされたメガネの形。そして、そんなメガネをかけているキャラクターを見ると、「なんだかドンくさそう」というイメージを持ってしまいます。

新入社員時代の僕は、あまり何も考えず、黒ブチのいわゆる〝ガリ勉〟タイプの大きなメガネをかけて、お客さまのところへ出向いていました。

ですから、おそらく第一印象で「この人、大丈夫かなぁ」「ドンくさそうな人だな」なんて思われていたことでしょう（笑）。

でも、あるときこのメガネが非常にいい結果をもたらすことに気づいたのです。

じつは、**一見、頼りなく見えるメガネ姿の「のび太くん」のほうが、お客さまとの距離を縮められる**のです。

ひと昔前までは、いかにも「できる！」とお客さまに思われるようなセールスパーソンのほうが、結果を出すと言われていました。

なぜなら、インターネットがない時代の営業は、売る側と買う側で情報の格差があったからです。つまり、買う側のお客さまは、圧倒的な情報武装をしたセールスパーソンが話すことに、今よりもずっと尊敬や信頼の念を持っていたのです。

ところが、ネット時代の現代は、お客さま自身もいろんな情報収集ができ、その情報を基にして、「自分にはこの商品は必要ない」という判断を下すことができます。そんな現代においては〝すごそうなセールスパーソン〟だと、「いらない商品を売りつけられるのではないか」と警戒されてしまうのです。

のび太くんの「ゆるいメガネ」は、そんな警戒心を解いてくれます。

もちろんメガネでなくともかまいません。要は「この人なら断るときも簡単そうだな」と、安心されるようなキャラでいることが、現代の営業には求められるのです。さらにいえば、**お客さまがついつい「いじりたくなる」ようなキャラであれば、もっと安心を感じてもらえるでしょう。**

お客さまはそういう「安心できる人」にこそ心を開き、もっと話を聞きたい、商品を買いたいと思うのです。

大切なのは、素直に人間性を開示して、飾らず自然にお客さまとつながっていけるような自分をアピールすること。

メガネをかけたのび太くんが愛されキャラになっているように、もしくはスーパーマンの変身前のクラーク・ケントが周囲とうまく溶け込むためにメガネをかけているように、メガネひとつで印象は大きく変わるものなのです。

お客さまとの距離を縮めたいと思ったら、伊達《だて》でもいいのでメガネをかけてみてください。

まとめ●安心感を与えるキャラでいよう！

02

デキる人になりたくても、なれないのなら……

あの人、仕事がデキるし、仕事以外のことも何でも器用にこなせそうでうらやましい……。

こんな人、みなさんの周りにもいませんか？

頭がよくて、運動神経抜群、それでいてカッコよく、おまけに性格もいい。同性、異性問わずにモテて、仲間を自然にまとめることができる人。

いわば、出来杉くんみたいなタイプです。

僕はそんな人たちと会うたびに、「あー、すごいなぁ。うらやましいなぁ。いいなぁ！」と羨望の眼差しで見ていました。

そんな完璧な人に会った日はいつも、自宅に帰って、かみさん（1歳年上の妻を、敬愛を込めて僕は「かみさん」と表現しています）に、「僕もあんなふうになりたいなぁ……」と、話していました。

するとかみさんが、こう言いました。

「でも、その人、ちょっと完璧すぎて近寄りがたい気がする」

なるほど、確かに我が家のかみさんのように思ってしまう人も一定数いる気がします。いや、意外と多いのかもしれません。

しずかちゃんが最終的に出来杉くんよりのび太くんを選んだように、人はどこか抜けていてスキがある人のほうが、安心できるのではないでしょうか。

僕は、自分にはない「デキる」部分を持っている人に、純粋に憧れていました。そして、自分でも気づかないうちに、彼らのようになりたいと無理をしていたのだと思います。でも、かみさんのひと言で、**「完璧」は必ずしもよいことばかりではない**と、気づくことができたのです。

たとえば、「名選手、名監督にあらず」という言葉があります。この言葉の解釈はいろいろありますが、僕なりの解釈が二つあります。

一つ目は「名選手はいいプレイが自然にできてしまうから、できない選手の気持ちがわからず育成が苦手」という意味。そして二つ目は「監督が名選手時代に築いた輝かしい威光が影響して、選手が萎縮してしまい、チームを強化できない」

という意味です。

もちろん、名選手かつ名監督の人もいるので、必ず当てはまることではないかもしれません。しかし、このようなパターンで不振に陥ってしまったチームもあると思います。

営業の世界でも、誰もが認める完璧な人がトップセールスになれるかというと、そうでもありません。

実際に**僕の周囲にいるトップセールスたちは、必ずしも「完璧な人」ではありません**。見方によっては、少し頼りなさそうな人のほうが多いのです。

しかし、**彼らは結果をきちんと出し続けています**。

きっと彼らは、最初から完璧を目指してはいないのです。**逆に、「自分は完璧ではない」という点を自覚しているからこそ謙虚になり、人間的な魅力を醸し出している**のです。

そして、そういう部分を見せることで、周りの人やお客さまはその人に「好感」を持ち、「信頼」するようになるのでしょう。

人は誰でも、足りない部分があるものです。

「デキる人」「完璧な人」というのは結局のところ幻想で、実際そういう人はこの世の中に存在しないのかもしれません。

そんな到達できないゴールを目指すことで、大事な相手と無駄な距離を生んでしまうのであれば、最初から完璧なんて目指さないほうがいいと思います。

なにより無理な頑張りをすると、心も身体も疲れてしまいます。

今日からは完璧を目指すのをやめて、ありのままの自分をどんどん見せましょう。**大人ぶって出していなかった、あなたの素の部分を開示することで、周りの人をグッと惹きつけるきっかけになるはず**です。

もし、あなたがのび太くんタイプなら、そのほうがなおさらラクだし、周りの人も近づきやすくなります。

もっと素直に泣いて、笑って、ときには怒っていいのです。

まとめ●デキる人という「幻想」を目指すのをやめよう！

03

お客さまと「いい関係」が築けないのなら……

みなさんの中にも、営業が向いていないのに行かなくてはいけない。あるいは、営業で成績を上げたいけれど、お客さまに怒られるのが怖くて、なかなかいい関係を築けない……と悩んでいる人がいるかもしれません。

では、もし自分が「絶対に嫌われない人」だったら、どうでしょうか？

営業の仕事だって、ずいぶんラクになると思いませんか？　じつは、そんな人物になる方法があるのです。

それは**「ゆるされキャラになる」**ということです。

実際に、セールスパーソンがビジネス上でお客さまに「ゆるされる」パターンは大きく分けて二つあります。

一つ目は、たとえ失敗しても「まあ仕方ないよ。酒井さんが勧めてくれたんだし」と、本当にゆるされてしまうパターン。

もちろんビジネスにおいて、効果検証は絶対です。お客さまに効果のないものを販売することは、セールスパーソンにとってゆるされざる罪だと思います。ですから、お客さまへの貢献を願って提案することは大前提なのですが、ただ、現実には「貢献できなかった」という事態も発生します。

それでも、いい関係が築けてさえいれば、お客さまはゆるしてくださるものです。なぜなら、信頼できるビジネスパートナーとともに、ベストの選択だったと思って商品を購入してくださるからです。

それゆえ、結果が伴わない場合でも、「ゆるされる」ことになるのです。

ただ、この次元に達するまでには、お客さまとの信頼を幾重にも重ねる必要があります。もしくは絶対的な実績を積み上げた、スーパースターのセールスパーソンであれば成立しやすい話でしょう。いずれにしても、それなりに時間を要するパターンであることは間違いありません。

では二つ目のパターンは何かというと、お客さまが納得してくださっているパターンです。つまり、商談のプロセスをすべてオープンにすることで、「酒井さんに背中を押してもらった。応援してもらった」「酒井さんは一緒に戦った仲間だ。だから、失敗しても悔いはない」とお客さまが納得しているケースです。

人は誰でも、自分の運命は自分で決めたいと思っているものです。

だから、商品説明においては、**「売りたい」気持ちを少し横に置き、お客さまの問題を考えることから始めるべきなのです**。

つまり、「売る側」の目線ばかりでなく、お客さまの目線に立って考えることが大切なのです。ですから、お客さまの問題を冷静に分析して、「もう少し準備ができてから商品を使っていただいたほうがいい」というケースなら、あえて「今はまだ売らない」という判断だってしなければなりません。

そして最終判断は、あくまでもお客さま自身にしていただきます。営業はそっと横に立ち、お客さまの決断をサポートする仕事でもあるのです。

それは結局、**「売る」を「応援する」に変えるという行為でもあります**。

それができれば、お客さまは応援してもらったプロセスに十分満足しているので、極端に言えば結果がどうであれ、セールスパーソンを信頼し、受け入れてくださるのです。

たとえば『ドラえもん』の世界でも、ドラえもんが出した未来の道具によって、のび太くんの望みが毎回かなっているわけではありません。

でも、のび太くんは決してドラえもんを嫌ったりしません。これと同じです。

ポイントは、「一緒に問題を考え、立ち向かっていこう！」という立場に立つことです。それを目指せば、お客さまは「売りつけられている」とは微塵も感じません。これこそが売れるセールスパーソンの秘訣であり、「ゆるされキャラ」の正体です。セールスパーソンは、お客さまの代わりにすべてのことを遂行する必要はありません。一緒に問題を考え、解決を目指していくということを意識してみてください。

最終的にお互いにゆるし合える対等な関係をつくりあげられたら最高です。

まとめ●お客さまを応援する「ゆるされキャラ」を目指そう！

04

カッコよくデジタル機器を使いこなせないのなら……

僕が勤務しているのは、前にもお話しした通り「携帯キャリア」と呼ばれる通信の会社です。いわゆるモバイルコミュニケーションの世界を提供していくのが仕事です。

そんな僕ですが、**お客さまの前（商談の場）では、モバイル機器などのデジタルデバイスなんて使わないほうがいい**と思っています。

現代社会においては、商談の場にノートPCやタブレット端末を持ち込むことが一般的になっています。僕が勤務する会社にも、外での商談中に議事録を即時に電子ファイル化し、社内クラウドで共有するといったデキるやり方をしている人が何人もいます。

でも、お客さまとの商談は、まさにライブ。編集のできない一発勝負の生放送です。

そういう**現場において、ノートPCやタブレットをお客さまと自分との間に入れることは、何ともいえない微妙な距離感を発生させます。**

さらに、キーボードを叩く音が響くとき、空虚な「間《ま》」まで生まれてしまいます。みなさんはどう感じるでしょうか？

そんな理由から、効率が数段落ちたとしても、僕はアナログ派のままです。紙のノートや手帳に、ヒアリングした内容を書き連ねています。

サラサラと文字を書き込んでいく音は、キーボードのカタカタという音より心地よいですし、お客さまとの会話にもリズムが生まれます。

また、自分の手で書くことのメリットは、感情を表せるということでもあります。そのときの気持ちに応じて、書く文字の大きさや色を変化させたりすることができますよね。

このように、その場の「生の現場感」を文字で表現することで、不思議と気分も乗ってくるものです。

そして、**自分の手で書くことの最大のメリットは、自分が一所懸命に話をノー**

トにとっている姿を、目の前に座っているお客さまに見ていただけるということです。

みなさんも、もし相手が自分の話を真剣に書き留めている姿を見たら、話をきちんと聞いてもらえていることがわかって、とても嬉しく感じると思いませんか。

今後もデジタル技術はますます進化し続けることでしょう。それにより、ビジネスのスピードが加速していくことは確かです。

でも、だからこそ僕は、「のび太くん」であるべきだと思うのです。

もちろん、書くことにばかり必死になって、お客さまを置いてけぼりにするようなことがあってはいけません。

しかし、アナログな手段でせっせとメモを取りまくるだけで、お客さまに認めてもらえるのなら、やらない手はありません。

まとめ●アナログでもいいから、メモを取りまくれ！

05

人から「暗い」と言われてしまうのなら……

普段、みなさんはどんな色を身につけていますか？

一度自分が身につけている色を改めて見てください。

モノクロが多いでしょうか？　パステルカラーが多いでしょうか？

好きな色は人それぞれでしょうが、もし人と距離を縮めたいと感じているのなら、僕は**明るい暖色系の色を身につけることを提案します。**

人見知りで口下手な僕は、幼い頃から「暗い」印象を持たれることが多くありました。社会人になって出席したパーティーや異業種交流会でも、知り合いから声をかけてもらうまで誰とも話ができない、なんてこともよくありました。

そんな僕を見かねてか、ある日かみさんが鮮やかな発色のピンク色のネクタイをプレゼントしてくれました。どちらかというと女子っぽい色味で、着用するのに気遅れしたのですが、後日思い切ってそのネクタイで出勤しました。

すると――。

その日は社外での懇親会があったのですが、人から話しかけられる機会がいつもより多かったのです！

もしかしたら、そんなのは偶然で、参加していたメンバーがよかったのかもしれません。しかし、**ネクタイを明るい色に変えただけで、「暗そうな人」→「話しかけやすそうな人」に印象が変化するとしたら、儲けもの**だと思いませんか。

僕はカラーの専門家ではありませんから、「あなたに合う色は○○です」と断言はできません。でも僕の経験からすると、ピンクや黄色をはじめとする**明るい暖色系の色を身につけることで、その人の印象が変わるのは確か**だと思います。

僕が考えるに、人はこうした**明るい色を身につけている人を見ると、「安心して話しかけやすそう」というイメージを持つ**のだと思います。

話しかけやすいということは、それだけでコミュニケーションが円滑になるということです。もちろん過度に明るい色を身につける必要はありません。まずは、ハンカチやネクタイ、名刺入れなどの小物から取り入れるとよいと思います。

スーツの胸ポケットから明るい色のハンカチが見え隠れするくらいでも、「え、本当にこんなことでよかったの？」と感じるほどの効果があるはずです。

そして、もう一つ明るい色を身につけることのメリットがあります。

それは、**つけている本人の内面に変化が起こることです**。僕はこれこそ明るい色を身につける真の効果だと思っています。

明るい色を身につけていると、やはり自然と気分が上がるものです。

そして、気分の盛り上がりが知らぬ間に自信につながっていくのだと思います。

僕たちは誰でも、綺麗な色の花を見るといい気分になったり、気持ちが和んだりしますよね。人はそうした「明るさ」に惹《ひ》かれるのではないでしょうか。

ですから、そんな綺麗な色を服装に取り入れるだけでも、周りや自分の気持ちへの効果は必ずあると思っています。

まとめ●明るい色を身につけて気分を上げよう！

06

売れないのを商品のせいにしがちなら……

「こんな商品売れるはずがないよ……」

セールスパーソンなら誰でも一度は思ったことがあるのではないでしょうか。

会社から「これを売ってください」と指示されたものが、必ずしも自分が売りたい商品とは限りません。

でも、ちょっと待ってください。

「売れない」というのは、誰が決めたのでしょう?

そう、**それはまぎれもなく自分自身です**。

冒頭のようなセリフを、以前の僕は溜息まじりによく吐いていました。そして、売れそうにないと思った商品を前に、途方に暮れていたのです。

しかし、結果を出し続けるセールスパーソンは、商品やお客さまを選びません。

僕の師匠である和田裕美さんは、男性でも化粧品を買ってしまうような魅力的な実演販売を目の前で見せてくれます。化粧品が専門分野ではないのにも関わらず即興でです。

なぜ、そんなことができるのでしょうか。

そこに和田さんが、世界ナンバー2のセールスウーマンになった理由がありまます。

それは、**彼女が自分自身で「自分の可能性」「商品の可能性」「お客さまの可能性」を狭めることを決してしないからです。だから、商品やお客さまを選ばずに売ることができる**のです。

みなさんは、目の前にある商品を「売れる!」と思って、お客さまへお持ちしているでしょうか?

人間、誰しも拒絶されるのは嫌です。

だからついつい自信のない人は、拒絶の恐怖に脅され、商品が「売れない」ことを正当化するための「理屈」をつくるのです。

「こんな商品売れるはずがないよ」と思って営業している人が、自分の予想通り

「売れなかった」としたらどうでしょう?

「やっぱり自分が正しかった!」と満足するかもしれません。

しかし、事実として目の前に残るのは、売れ残った商品の山です。


一方、「この商品は売れる」と確信していれば、たとえお客さまから拒絶されたとしても、「どうすれば売れたのかなぁ」「何がいけなかったのかなぁ」と建設的な方向へ思考を展開させていくことができます。

たいていの商品やサービスは、よほど劣悪なものでない限り、**必ずお客さまにとってのメリットがあるはずです**。営業する際は、**そこに素直にフォーカスすればいい**のです。

デキるセールスパーソンは常にお客さまのメリットを考え、「この商品は必ず売れる」と確信しているからこそ、ワクワクしながらお客さまに提案をすることができる人です。また、だからこそ断られたとしても、いろんなやり方でチャレンジし続けられるのです。

商品を「買う」と決断するのは、あくまでもお客さまです。

売れるか売れないかは、誰にもわかりません。

でも、**どっちみちわからないことなら「できる！」「売れる！」と思ったほうが楽しく営業ができるはず**です。

それでも、何度もお客さまから断わられて、「売れないよ……」とため息をつくときがあるかもしれません。そうしたらスグに「いや、売れる！」と声に出して、売れる姿を想像してみてください。

それだけで確実に、意識と行動は変わってくるものですから。

まとめ●商品やお客さま、そして自分の可能性を信じる！

07

日々鬱々としながら仕事をしているのなら……

「もっと、客観的にものごとを捉えて、冷静に判断したほうがいいよ」

ビジネスの世界ではよく言われることです。

でも僕は、社会人10年目になっても、いまだについつい目の前のことに執心したり、感情的になってあとで落ち込んだり、自己嫌悪したり、後悔したりしてしまいます……。

ふつう大人になると、だんだんと感情を出す場面は少なくなります。

「大人になること＝感情を押し殺すこと」で、感情的になる人は「大人気ない」なんて言われてしまいます。

僕自身も、かつてはもっと割り切って仕事をしなければならないと、自分の感情を抑えて日々鬱々と仕事をこなしていました。

そんなとき、ふと我が家の3歳になる娘を見ていたら、ジェットコースターのように感情が上がったり下がったりして、本当に毎日が楽しそうに見えました。

そのとき、僕は**これこそが人間の魅力なのではないか、**と感じたのです。

そこで、元々大人気ない僕は、もっと**自分の喜怒哀楽を許してあげよう**と思いました。

考えてみれば、ビジネスにおいて感情的であることは、マイナスばかりではないと思うのです。

「感情があってはじめて、過去のデータのみに頼らない勇敢な判断ができる」

「感情があるからこそ、一度嫌いになった人の評価を冷静に下せない」

こんなふうに感情には、よい・悪いの両面あるものなのです。

ですから、**冷静に客観的に判断するばかりではなく、その時々の感情もまぜて、気持ちのバランスを取りながら仕事をすることが大切なのではないでしょうか。**

僕の中で、大変心に残っている仕事上での出来事があります。

それは入社間もない頃、販売現場で研修を受けていたときのことです。

いつもと同じように窓口でお客さま対応をしていると、年配の女性が水に濡れた携帯を持って来店されました。

一目見ただけで、その携帯の復旧は難しいと判断できるくらいのひどい水濡れでした。でもお客さまは、「どうにかして復旧できないか」と、電源の入らなくなった携帯を強く握り締めて懇願されます。

詳しく事情を聞くと、こうお話ししてくださいました。

「夫が海で水難事故にあったのです……。船の中に残された遺品の一つがこの携帯で……」

身内の死にさえ直面したことのない僕は、非常に強い衝撃を受けました。そして、「何とかしたい」その一心で頭をぐるぐる回転させました。

「やれるだけやってみます。少しお時間をください」そう言い残して、バックヤードに下がりました。

その携帯は防水仕様ではなく、海水を多くかぶっている状況なので、このまま修理部門に送付したとしても復旧の可能性は非常に低い。ならば、応対マニュアルでは厳禁になっている作業ですが、端末の中身を磨き、水分を飛ばすことはできないだろうか……。

お客さまには修理方法を伝え、僕はその可能性にかけてみました。

ブラシ、ドライヤーを駆使して、一心不乱に携帯の復旧を試みてみたところ、何度かトライしているうちに、お客さまの願いが通じたのか、携帯の電源が入ったのです。奇跡は起きたのです。

お客さまと旦那さまとの最後の会話は、この携帯からでした。それだけではなく、旦那さまが海上で撮影した朝日の写真や、釣った魚の写真なども収められていたのです。お客さまは涙ながらに、消え入りそうな声で言ってくださいました。

「私が知らない彼の最後の何時間かを知ることができました。本当にありがとうございました。綺麗な景色をありがとう……」

僕もついついもらい泣きをして、「本当によかった」と思いました。

僕の行為は会社、ビジネス的には不適切なことかもしれません。しかし、僕はこのとき自分の気持ちに素直に従って本当によかったと思っています。

最初からその場で感じた気持ちを覆い隠すのではなく、目いっぱい感じてから客観的に感情を捉えることができるようになれば、その後の行動にもいい影響を与えると僕は思っています。

ちなみに、ネット生保で有名なライフネット生命の出口治明会長は、**「喜怒哀楽の総量が人生の価値」**と言っています。

喜びを感じてみんなにシェアし、怒ることで本気で仕事に取り組み、悲しむことで人の痛みを学び、楽しむことで生きていることを実感する——。

そうしているうちに、営業にも自然と感情を盛り込めるようになり、その上で客観的、俯瞰的な判断ができる人になれるのだと思います。

スマートな営業手法だけを追求するなら、感情を出さないほうがいいかもしれません。しかし、人間くさい感情を入れ込んだ営業のほうが、お客さまの共感を生むことは確実にあると僕は思っています。

そして、**自分の感情に素直になれれば、お客さまの感情に対しても素直に向かい合うことができるようになれます**。結果的にそのほうが、お客さまとの関係も長続きするし、営業の成果も上がっていくはずです。

まとめ●感情を押し殺すのはもうやめよう！

＼コラム／

「頑張らない自分」をほめる

できる人ほど頑張り屋さんです。私の周囲にも多くの頑張り屋さんがいます。頑張るから、できる人になるんですよね。至極当然、もっともな話です。その頑張りが結果になって認められ、そのまま上昇気流に乗って勢いよく飛び

「頑張らないで！」と。自分にそう言い聞かせるのです。

失敗とか挫折とかは、確率の問題だと思うのです。頑張れば頑張るほど、行動すれば行動するほど、一定の割合で遭遇しちゃう。失敗って、頑張っているからこその勲章みたいなものなんですよね。

でも、たまたま重なった不運だとしても、こんなふうに続くとやっぱり気持ちが沈んでどうしようもないと思います。

そんなときは「積極的に頑張らない」自分を受け入れてみてほしいのです。

じゃあ、頑張らない具体的な方法って何？　それは簡単です。

好きな服を着て、おいしいご飯を食べて、うたた寝でもしちゃえばいいのです。

そして、「あー、こんなふうに頑張らない自分でいられるのも今までの自分が頑張ったからだよなぁ」って言っちゃえばいい。

頑張り屋さんほど日々を忙しく、そしてときにはイライラしながら過ごしている気がします。頑張らない自分を発見して、認めてあげることができれば、もっと周囲の人にも優しくなれると思うのです。

あ、もちろん、「頑張らない」ばっかりじゃダメですからね……（笑）。

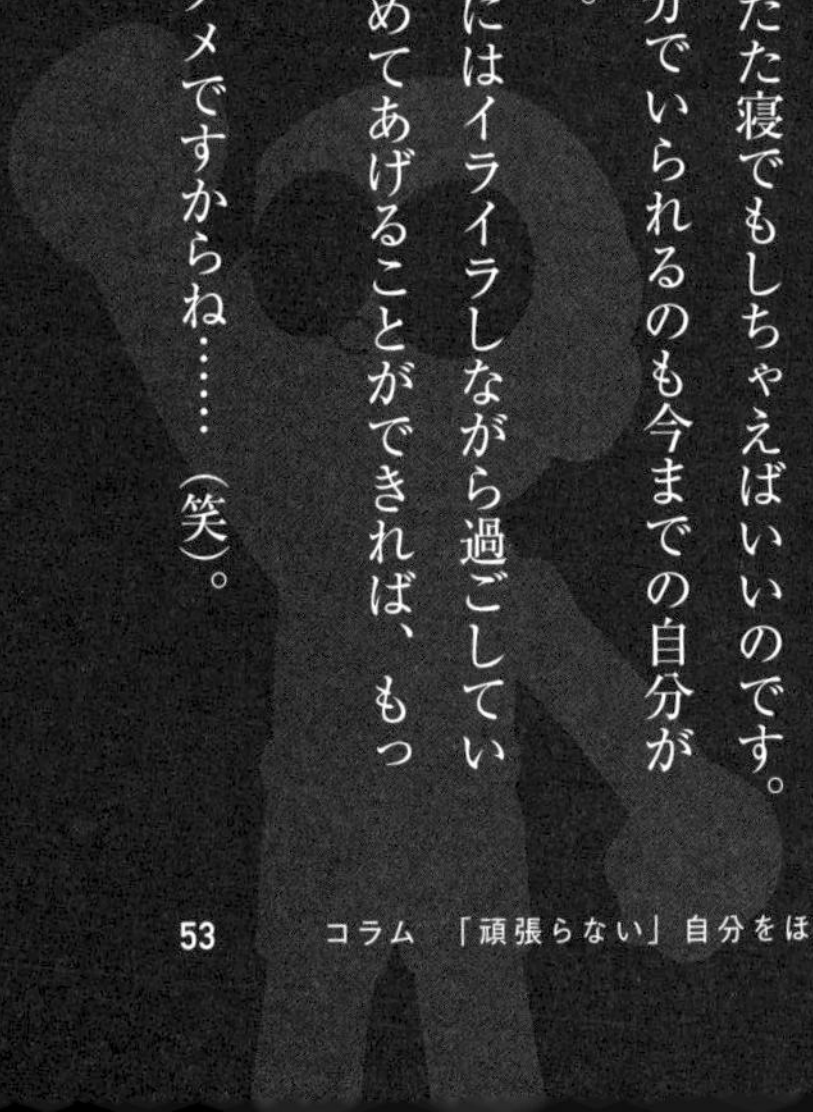

第2章

嫌な営業の仕事と向き合うためには

08

ノルマでプレッシャーを感じているのなら……

以前の僕は、営業という仕事は、いつも目標の数字が課せられていて、頑張って達成してもさらにその上のノルマを追いかけ続けるものだと思っていました。とにかく継続してプレッシャーをかけられる、辛くて苦しい仕事というイメージを持っていたのです。

入社当時の僕も、やはりノルマを課せられていました。「のび太くん」が苦手な営業に配属された上に、そんなプレッシャーのある状況でノルマを達成するなんて無理があります。悩んだ末に僕は、プロローグで打ち明けたように、無理に頑張るのをやめたのです。

すると、こんな疑問が浮かびました。

自分が、ただがむしゃらにノルマを追いかけているとき、目の前にいるお客さまはどう思っているのだろうか？　お客さま側から見ると、ただ「売りたい」だけで、一方的に話を進めるセールスパーソンとしか映らないのではないだろうか？

思うに、「結果！」「ノルマ達成！」「業績！」と無意識でも心のどこかで思いながらお客さまと話をしていると、どれだけトークが巧みでも、お客さまは「この人は僕のことより、商品を売ることだけを優先しているな」と、直感的に気づくものです。みなさんも、自分自身が買う立場に立ったときのことを想像すればわかるはずです。

では、カリスマと称されるような本物のトップセールスたちは、どのようにプレッシャーと向き合い、ノルマを達成しているのでしょうか。

僕の師匠である、世界ナンバー2セールスウーマンの和田裕美さんは、爆発的な実績を残しているにもかかわらず、バリバリのビジネスウーマンといった感じはまったくありません。第一印象はどちらかというとほんわかした印象です。

そして何より、**常に目の前のお客さまと寄り添っているという印象がとても強い**のです。

商品を買ったあとのワクワクした未来を、お客さまと一緒に想像し、つくり上げていく。そして、「本当によいものだと納得してから買ってくださいね！」と一声かける。

強引に売りつけることは決してなく、お客さまが自分の決断に自信を持てるように背中を押して励ましているのです。

和田さんは、決してお客さまに向かって「営業」をしません。むしろ、お客さまと一緒になって、どうすればこの課題が解決できるかを「考えて」いるのです。だから、お客さまのほうが和田さんのことを「自分に必要な相談相手」と見なし、それが結果的に誰にも負けない実績を残すことにつながっているのです。

もちろん、和田さんに限らず、本物のトップセールスパーソンたちが成果にこだわらないわけではありません。人一倍、目標に対して責任感を持っています。

ただ、それはあくまで自分の問題であり、自分の都合です。お客さまと向き合うときは、そんな都合は脇に置いて、目の前のお客さまのために一所懸命になる。そこがふつうのセールスパーソンと違うのです。

ここで、一つ大事なことをお話ししましょう。

じつは、このように**自分のことより、目の前の相手のことに一所懸命になれる資質。それはマンガの「のび太くん」も備えている素晴らしい長所なのです。**

「あの青年は、人のしあわせを願い、人の不幸を悲しむことができる人だ。それがいちばん、人間にとってだいじなことなんだからね」

これは未来の世界で、のび太くんに嫁《とつ》ぐしずかちゃんに対して、彼女のパパが述べた言葉です。**「のび太くん」は、自分のことは二の次でも、目の前の人を喜ばせ、目の前の人の悲しみをやわらげることに一所懸命になれる。**だからこそ、彼は人生最高の「成果」ともいえるほど素晴らしい伴侶を手に入れたのです。

そう考えると、営業において大切なことは、まずは、**目の前のお客さまのために何ができるかを考えて行動してみること**だと思います。

売れない人に無理やり売り込むことはせず、「この人に、合うんじゃないかな」と思ったら、**その気持ちを素直に伝えるだけで十分だと思うのです。**

たとえば、「すべてのお客さまから受注するぞ」というスタンスだと、即断即決ができるお客さまにしかアプローチしません。そうではなく、もう少し気持ちをゆるめて取り組むことで、アプローチするお客さまの幅が広がり、即断即決してくださるお客さま（いわゆる見込み客）ばかりに営業を仕かけるライバルとの争奪戦を避けられ、マイペースで、しかも着実に受注を増やせるようになると思うのです。

いいことは、まだあります。

ノルマに集中し過ぎているときというのは、自分のことしか見えなくなっている状態です。ですから、お客さまとの会話も仕事のこと一辺倒になってしまい、お客さまとの関係に広がりがありません。

みなさんは、仕事として働くこと以外にも、学んだり、遊んだり、感動したり、自分の生活を楽しんでいるはずです。ですから、**仕事においても境界線をつくらず、そのままのあなたでお客さまと接してみてください**。お客さまとの会話を心から楽しめれば、そこから余裕が生まれ、成約につながることもあるはずです。

目標やノルマは会社のため、ひいてはあなたのためにも大切なことです。

でも、それよりもっと大切で、自分のためにもお客さまのためにもなることがたくさんあるのです。それを忘れないでくださいね。

まとめ●ノルマを追いかけるより、お客さまに寄り添おう！

09

人と接するのが苦手なら……

そもそも僕は、人と会うのも話すのも苦手でした。

それなのに営業部に配属されて、必然的に人に会わなければならなくなってしまったのです。これはかなり苦痛でした。

では僕は、それをいったいどのように克服したと思いますか？

正直に言えば、克服はしていないかもしれません。でも、ある方法を使って「うまく乗り切れる」ようになったのです。効果的なので、ぜひみなさんにも試していただきたいと思います。

サッカー選手をはじめとするアスリートが、試合前のルーティンワークとして、**「お気に入りの音楽を聴く」**という話を聞いたことがありませんか？

強靭な精神と肉体を持ち、日々鍛えているはずの彼らでも、試合前の〝緊張〟は避けられないものなのだそうです。そこで、余計な考えをシャットアウトして集中力を高めたり、テンションを上げるために、お気に入りの音楽を聴くわけです。

お気に入りの音楽の力が自分本来のペースを取り戻させ、潜在意識にも影響することは脳科学の研究で明らかになっているので、確かな効果があるようです。

みなさんも、街を歩いているときに、ふと流れてきた思い出の曲で、昔の感情がよみがえった経験がありませんか?

僕は、椎名林檎さんの音楽を聴くと、受験生時代の状況をリアルに思い出します。たとえ音楽を実際に耳にしなくても、頭の中でその曲を思い浮かべて、旋律が流れてくれれば、その曲に関連した感情がよみがえります。

ならばこれを、苦手な営業へ行くときに応用できないか? と僕は考えたのです。

たとえば、子どもの頃テレビで放送していた『機動戦士ガンダム』のテーマソングをいつも脳内再生して、それだけで楽しい気分になっていた経験があったとしましょう。

それなら頭の中で『ガンダム』の曲を流しながら、苦手なお客さまに対峙してみたらどうでしょう。ちょっと、勇ましいテンションで気分が上がってきそうではありませんか？

ちなみに、この「ＢＧＭ法」を上手に使いこなすためには、普段から好きな曲をよく聴いて、いざというときにいつでも頭の中で音楽を流せるようにしておくことが大切です。

そのほかにも、お客さまの声を聴いたときに、「あ、この人の声、低音が響いていて心地いいなぁ」「リズムが独特な話し方だなぁ」などと、お客さまの声を「音」として聴き始めると、苦手だと思っていた相手の話も、いい印象で聴くことができるようになります。

これは、お客さまから「この人は、真剣に話を聴いてくれているなぁ」と思っていただけるため、二重の効果があります。ただし「音」として聴き過ぎて、肝心の話の内容をすっ飛ばさないように注意してくださいね。

そしてもう一つ、じつは音楽以上に即効性があり、効果的なものがあります。

それは「食べ物」です。

たとえば、梅干を思い浮かべてみてください。口の中が唾液で満たされてきますよね。これは食べ物のイメージが脳にもたらす効果ですが、苦手な営業先に行くときにもこの効果は活用できるのです。

イメージするのは、あなたが好きな食べ物です。お客さまに対面する前に「あれ、食べたいなぁ」と想像を膨らませるのです。

僕はカレーライスが大好きなので、第一印象が「うわ、怖そう」と思った相手と対面するときには、カレーライスを頭に思い浮かべながら話しています。

この**「食べ物活用術」の効果は、何より「いい笑顔」が瞬間的につくれること**。

おかげで「笑顔が苦手」だった僕が、今では「スマイルの達人」と呼ばれるくらいになっています。とても簡単な方法なので、ぜひ実際に試してみることをオススメします。

まとめ●緊張する場では、好きな音楽と食べ物をイメージしよう！

10

なかなか本題を切り出せないのなら……

商談の中で、価格や取引条件などの本題の話を切り出すこと、あるいは、冒頭の世間話から本題に切り替えるタイミングって、本当に難しいですよね。

これまで熱心に話を聞いてくださったお客さまが、自社商品の話を出した瞬間に引いてしまい、拒絶をしてしまった……。

こんな経験がトラウマになっている方も、多いかもしれません。

僕は新人のとき、営業先を訪問していきなり「この製品なのですが……」と本題から入ってしまい、お客さまをびっくりさせることがよくありました。

会話が苦手だったために、どう切り出せばいいのかわからなかったのです。

しかしながら、セールストークの苦手な「のび太くん」であっても簡単に本題を切り出せる方法があるのです。

それは、「思い出す」という方法です。正確には「思い出すフリ」をするのです。

「あ、そういえば！　今日はご紹介したい商品があったんです」

「あ、そういえば！　僕は営業でお邪魔したのでした」

「あ、そういえば！」で何かを思い出したようなフリをするだけで、持ち込みたい話題に自然と切り替えることができるのです。

首を少し傾けて、目線は左上に、そして、あまり大げさにすることなく、会話の主導権を自分に移す——。

この「思い出し作戦」は、意外と効果があります。売る商品は同じで、セールストークがたいして変わらなくても、お客さまが耳を傾けてくれることが多くなるのです。

それはおそらく、会話の流れに唐突感がなくなり、ゆるやかに商談へと移行していくからだと思います。ですから、注意をこちら側に引きつけることもできますし、まるで世間話の延長のようにセールストークに入れるのです。

「え、でも営業のコミュニケーションの基本は、相手の話を聴くことじゃないんですか？」

そう心配する人もいるかもしれません。確かに、その通りです。営業のコミュニケーションの基本は「傾聴」です。

僕も最初は、その基本を忠実に守っていました。いや、それしかできなかったので、お客さまの話を聴いてばかりいたのです。そして、聴くことがなくなると「失礼します」と言ってそそくさと帰っていました。

今思えば、いったいなにをしにお客さまを訪問したのかわからない行動だったと思います。

そんなある日のこと、話好きなお客さまを前に、いつもと同じようにひたすら話を聴き、お客さまの話が終わったところで帰ろうとすると、「ちょっと、のび太くん！　大事なこと忘れてるよ！　仕事の話も伝えなきゃ」というドラえもんの声が心の中で聴こえたような気がしました。

そうだ。いけない、商談しなきゃ！　ハッと我に返り、「あ、そういえばですね……」と、商品の話を切り出すと、じつはこれがうまくいったのです。お客さまは僕に顔を向けて、自然な流れでこちらの話に耳を傾けてくれました。

それからは確信犯です。

自分が商談を切り出したいタイミングで、「思い出す」ようにしています。頻繁に使うとお客さまが変に思うかもしれませんので、ぜひ、ここぞというときに使ってみてください。

タイミングは、いつでもいいんです。自分が、そろそろこちらの話も伝えないと、と思ったときがタイミングです。

それ以外にも、あまりにもお客さまの話が長いなぁ、と感じたときなど、この方法で「急な用事」を思い出したのを理由に、その場をうまく切り抜けることだってできますよ。

まとめ●「あ、そういえば!」で、会話の主導権をつかもう!

11

断られるのが怖いのであれば……

「今、必要ないから」

「予算あれば考えるけど、ないから無理だね」

営業をしていると、そんなふうにバッサリ断られることが多いと思います。

普段の生活では、そこまでハッキリと拒絶されることなんて、そんなに頻繁にありませんよね。

誰でも拒絶されるのは嫌です。僕も断られるのは、ものすごく嫌です。人に認められたいし、受け入れてもらいたいとも思います。

ちょっと前までの僕は、断られた瞬間にガーンとモチベーションが下がってしまい、次の行動がまったく起こせなくなっていました。「自分のやってきたことに意味はなかったんだ……」と思い、ズーンと落ち込んでいたのです。

しかし、実際はそんな大げさなことではないのです。ただ「提案」が受け入れられなかっただけ。本当はそれほど落ち込むような話ではありません。

けれども「のび太くん」の僕は打たれ弱い……。

そこで僕は、考え方を変えました。「まあ、あとで断られるより、よかったかな」と。

じつは僕は断られるのと同じくらい、自分が「断ること」も苦手です。お店の人に何かを勧められると、内心では「いらないな」と思っていても、「うーん、いい商品なんだけどなあ。今はお金がないからなあ……」と、ついついはぐらかしながら答えてしまうのです。

そんな断り方をしてしまうと、相手は訪問営業でも、電話営業でも、必ずもう一度、チャレンジしてくるものです。「ちょっと背中を押したら買ってくれるんじゃないか」と、相手に無駄な期待をさせていたのかもしれません。

でも結局、断ってしまうのです。

本当は、最初から買う気なんてまったくないのに、相手に二度手間をかけさせ、自分の時間も相手の時間も無駄にしてしまった。そんな軽い罪悪感すら覚えてしまいます。

そう考えると、お客さまにすぐに断られたのは、**お互いに「無駄な時間」を費やさずにすんでよかった**ということではないか？　そう思うようになったのです。

そこから僕は、勇気を出して、「必要ないなら、はっきりと仰ってくださいね」と言うようになりました。もちろん、にっこり笑顔で。

そうすると、本当に要らないと思っている人は断りやすくなると思います。また、逆にこちらの提案が気になって、真剣に考え始めるお客さまもたくさん出てきました。それは、特に「タブレット」のような最新機器を紹介する場合に多かったように思います。

「必要なかったら断ってくださって結構です。お客さまの生活を便利にする可能性があるので、念のため情報をお伝えしますね」と前置きをして、具体的な商品の説明をします。すると、それまでは自分に関係ない話だと思っているお客さまも、「なるほど〜…」と、考え直してくださるのです。結果、成約につながることが多くあります。

神田昌典さんの「殿様バッタのセールス」ではありませんが、お客さまご自身が、今ここでしっかり情報をつかんでおかないと、目の前のセールスパーソンはもう来てくれなくなり、いい話を逃してしまうかも……と感じることがあると思います。そのせいか、そのひと言をきっかけに受注につながることがあるのです。

それでも断られてしまった場合は、「お互いの時間を無駄にしなくてよかったな」と受け止め、次のお客さまのところに向かえばいいのです。

最初は、断られることに慣れないかもしれません。でも、今お話ししたような考え方で行動していくうちに、「あぁ、そうか。この人にはたまたまこの提案が合わなかったんだ」と、受け流せるようになるはずです。

また、そうして「断られること」に鈍感になればなるだけ、営業成績は不思議と上がっていくものだと思います。

まとめ●「必要なかったら断ってくださいね」と明るく言ってみよう!

12

いつも「できない」ばかり言うお客さまに困っていたら……

「いやいや、そんな金額じゃできないよ」

「ウチには余裕がなくて、無理です」

できない。無理。セールスパーソンが聞きたくない言葉のトップ3に確実に入る言葉です。言われた途端、「ガーーーン」という効果音が心の底まで響きますよね。

この言葉に僕も以前は心が折れていました。でも、今では**お客さまから「できない」と聞くと、「チャンス!」と目を輝かせるようになった**のです。

営業という仕事に怯えていたときの僕は、この「できない」に正面突破を挑み、勝利をつかむようなストーリーを思い描いていました。怖がりながらも無謀なことを考えるところが、まさに「のび太くん」だと思います。

実際、僕が尊敬するセールスパーソンの中には、こうしたお客さまの「できない」を正面突破する人がいます。僕も「そうなれたらいいな」と思ってチャレンジしていました。

でも、やっぱりできませんでした。

理想通りの流れをいくらイメージしても、その通りにはならないのです。それもそのはず、僕はそもそも、ジャイアンみたいに相手にグイグイ食い込んでいくタイプではありません。正面突破には向いていないのです。

「お金がない」「余裕がない」「時間がない」、だから「できない」——。

たとえば、そんな人が「お金」や「余裕」や「時間」があれば、本当に「できるようになる」のでしょうか？

必ずしもそうとは限りませんよね。そこで僕は考えました。

だとしたら、そもそもの「できない」原因を探ればいいんじゃないだろうか。

正面突破で無理やり「できない」相手を倒していくのではなく、その「できない」の根幹を探って、そこからアプローチすればいいんじゃないだろうか、と。

つまり、「できない」と言うお客さまに、僕はこう言うようにしています。

「あ、そうですよね。できないですよね。でも、それでいいと思います」

その瞬間、お客さまは唖然とします。「なんなんだ、この人は⁉」という顔をされるのです。「できない」と強く思っているお客さまであればあるほど、びっくりするのです。

ちょっとした例をあげてみましょう。たとえば、「英語の学習」についてこんなことを言っている人がいたとします。

「英語は、勉強したほうがいいんだろうな。話せるようになったら世界も広がるし。ただ、今は大事な時期で仕事に集中したい。余裕がないというか時間をつくるのが正直しんどいから……」

そんな人には、こんなアプローチをします。

「そうですよね。忙しいですよね。今は無理に英語を勉強しなくてもいいんじゃないですか。そのうち自動翻訳機能も充実していきますし」

そうすると不思議と次のような答えが返ってくるのです。

「まあ、そうだよな。そのうち翻訳が自動化されるかもな。……でも、やっぱりいつか直接英語で会話をしてみたいかも。翻訳機とか通さずにね」

「案外、朝一時間くらい早起きすれば、少しずつ勉強できるかもな」


これは本当によくあるケースです。

ではなぜ、こんなふうにお客さまが自分から食い下がってくるのでしょうか。

それは**「できない」という言葉に、その人のコンプレックスが含まれていることがあるからです**。だからこそ、まずはその気持ちを受け止めてあげることが大切なのです。

そうすると、人はそのコンプレックスを克服したくなり、自ら動こうとします。

そこからは「できない」の表層の問題（時間がないなど）ではなく、より根幹の部分にアプローチしやすくなります。

お客さまから「できない」と言われたら、ぜひあなたのレーダーを反応させて、相手のコンプレックスを探ってみてくださいね。


まとめ●お客さまの「できない」は根幹にアプローチするチャンス！

13

スマートなプレゼンができないのなら……

「このプロジェクトにおける真の課題は、ここにあります。よって、このプランを実行に移すことでお客さまの未来が大きく開けます！」

ドラマの主人公が、居並ぶクライアントを前に颯爽とプレゼンを行い、決めゼリフとともにみんなが立ち上がって拍手をする。その瞬間、大型契約が決定。

営業なら、そんな提案型（ソリューション）営業のサクセスストーリーを、一度や二度は思い描くでしょう。

正直、僕も憧れていました。ソリューションだなんて、言葉の響きもカッコいいですよね。

「憧れてばっかりいないで、お前はどうなんだ？」

みなさんからの厳しいツッコミが聞こえてきそうです。

はい。もちろん僕は苦手です。人見知りの性格ですから、大勢の人の前でプレゼンするなんて、考えただけでも眠れなくなります。

今でこそ社内の研修や外部の勉強会など、人前で話す機会が増えたため、動じないように思われている僕ですが、内心はかなりドキドキしています。

どうして僕は、こんなに人前で話すことが苦手なのだろう。それはずっと悩んでいたことでした。しかし、無理に頑張ることをやめたときに、「もしかしたら、難しく考えすぎ?」と思ったのです。

課題だとか提案だとか、肩肘張って考えるよりも、目の前のお客さまへ「なにかプレゼントする」ぐらいに考えたほうがいいのかもしれない。

それだったら、たとえ大勢の人を前にしてもガチガチに緊張することはなさそうです。

「課題を提示して、解決策を提案する!」などと力んだりするから、「失敗したらどうしよう」「解決策が見当違いだったら……」と悩むわけです。

一方で、プレゼントだと考えれば、「これで喜んでもらえるかな」「そうだ、もっとこうしよう」と、前向きな方向に自分の意識と行動が向くはずです。

ほんの少し考え方を変えるだけですが、僕自身そう考えるようになってからは、いい意味での緊張感を残しつつも、不安になるようなことはなくなりました。

みなさんも、きっと誰かにプレゼントをしたことがあると思います。

そのときのことを思い出してみてください。どんなことを考えながらプレゼントを選びましたか？

きっと、相手の喜ぶ顔をイメージしているのではないでしょうか。

じつは、**誰かにプレゼントをするまでの思考や行動は、僕が憧れる提案型（ソリューション）営業そのもの**なのです。

▼誰に渡すの？　↓　ターゲット
▼どんなものなら喜んでくれるかな？　役に立つかな？　↓　リサーチ
▼どうやって渡そうかな？　↓　プレゼンテーション
▼役に立ったかな？　次回はどうしようかな？　↓　アフターフォロー

どうでしょう。プレゼント選びが、途端にデキるセールスパーソンふうに感じられませんか。

「ビジネスの現場は、そんな子どもじみたものじゃない」と思う人もいるかもしれません。しかし、僕はそんなに大差ないと考えています。


プレゼンの基本は、お客さまを笑顔にすること。すごくシンプルなのです。

「今日はどんなプレゼントにしようかな」

「明日はあれを持っていこうかな」

こんなふうに考えていれば、プレゼンだって次第に楽しくなってくるはずです。

あなたが配ったプレゼントは、きっとあなたへのプレゼントとして形を変えて戻ってきます。

だから気負って提案なんてせずに、気楽にプレゼントをしてみてほしいのです。


まとめ●プレゼンは、お客さまへのプレゼントだと考えよう!

14

場の空気が読めなくて困っているのなら……

のび太くんもおそらくそうだと思いますが、僕は元々「空気が読めない人」です。空気が読めないことで、営業で何度も失敗したことがあります。

昔は、空気が読めない自分に、とても悩みました。

なので、「自分も空気が読めない」という方は安心してください。

営業経験を積めば、徐々に空気なんていうものは、ちゃんとつかめるようになります。つまりは「慣れ」に似たものなのです。

それどころか、今の僕は「空気が読めなくて、よかったなぁ」とさえ思っています。

なぜなら、空気を「読まない」ことができるからです。

「空気を読まないことができる」というのは、実際にはその場の雰囲気をなんとなくつかんでいるものの、あえてその空気を知らんぷりすることです。

しかも、ときにはあえてその場の空気を壊すことすらあります。

「あえて知らんぷりをする」というと、なんだか腹黒い感じがしますが、その場の空気に支配されて自由に発言できないとしたら、どうでしょうか？

きっと誰も得しませんよね。

あるとき、お客さまから突然、こんな質問をされたことがありました。

「酒井さん。私、フィリピンに半年間の語学留学に行こうと思っているんだけど、どう思う？」

お客さまは企業戦士としてバリバリ働かれているキャリアウーマンで、僕とは複数回にわたる商談を経て、お互いに信頼関係を築いていた方です。

「え、そうなんですか⁉　すごい！　いいですね‼」

と言いかけたのですが、ふと、彼女ってそもそも語学堪能じゃなかったっけ？と思い出しました。そして、ついつい感じたまま、口からはこんな言葉が出ていました。

「なんで今さら語学留学なんですか？」

まるで留学にケチをつけるような空気の読めない発言です。すると、彼女からはこんな言葉が返ってきました。

「うん……いろいろと考えることがあってね。最近英語使ってないし」

そういえば、「最近仕事が楽しくない」という話を聞いていました。

そこで、僕はさらにこんなふうに続けました。

「○○さんが語学留学に行こうと決断されたのは、素晴らしいことだと思います。ただ、半年間ということは、今勤めている会社にも何かしらのアクションが必要ですよね。次のステップを考えてのことであればいいのですが、語学堪能な○○さんに、重ねての語学留学は必要ないんじゃないかなと思ってしまいました」

「……」

「一度きりの人生ですから、ぜひぜひ、本当に大切なことに時間を使ってくださいね！　英語が話せない僕は、語学留学したいですけど（笑）」

すると○○さんはこんな返事をくれました。

「そうね。少し今の仕事に後ろ向きになっていたのかもしれない。できることをもう一度見直してみるね」

結局、そのお客さまは会社を辞められ、今は独立し、立派な経営者になっておられます。もちろん、語学留学へは行くことなく、すでに身につけていた語学力でグローバルに活躍されているのです。

同じようなことが営業の現場でも問われていると思います。

つまり、お客さまがなにかしらの理由で躊躇しているときに、本当に相手のためを思って（ここが大事です）、その決断をするべきだと感じたら、**一緒になって躊躇（共感）するのではなく、ときには空気を壊して背中を押してあげる。**

その場の空気やマナー、タブーに制限されて動けないあなたがいるのならば、何よりもまずお客さまのことを考えてください。そして、**必要ならば、空気はどんどん壊してください**。それで怒られてしまったら、仕方ありません。のび太くんみたいに一所懸命に謝ればいいんです。

これは、普段の仕事でも同じです。

周囲との軋轢を恐れて、その場を適当にやり過ごすより、柔軟な発想を持ち、たとえ白い眼で見られても、思ったことは言ってしまう。

少し勇気のいることですが、そのほうが悩みやストレスは少なくなります。

あなたが本当にやりたいことを語るときには、空気に押しつぶされないで、自由にもっと想像の翼を広げてみてください。

「愚者は経験に学び、賢者は歴史に学ぶ」という格言があります。

自分の経験なんて、たかが知れています。そんな自分が「あれは正しいのかな、これはダメなのかな」と思い悩むより、**やってみて判断したほうがいい**のです。

失敗を恐れないで、自分の思ったようにやっていく。そのほうが学べることや収穫はずっとたくさんあるはずです。

空気が読めないということは、じつは、すごい武器になるのです。


まとめ●あえて空気を読まずに営業してみよう！

コラム

お風呂に入る、散歩する、本屋さんに行く

いわゆる「煮詰まった」状態のとき、みなさんはどうされますか?

僕は案外「ま、いっか」と切り替えられずに、目の前の一つの事象に捉われて「うーんうーん」と深く考え込んでしまうタイプです。

こんな場面の打開策が、「お風呂」「散歩」「本屋さん」です。

しずかちゃんが何よりもお風呂を優先するように、僕もお風呂に入ると、考えがスッキリまとまったり、新たな発想が浮かんだりします。

服を脱ぎ、生まれたときの自分に戻り、一定のクローズスペースにいるという環境だからこそ、リラックスできるのではないかと思っています。

「散歩」もとても効果があります。

体を動かすことで、脳内に快楽ホルモンが分泌されて、悩みが小さくなってい

くのです。

散歩する時間がなくても、通勤の行き帰りに少し歩いてみませんか？

まずはオフィスの階段登山（後述します）から始めるのもよいでしょう。

そして、最後に「本屋さん」。

みなさんも本屋さんに行くだけで自然と落ち着きませんか？

本棚に綺麗に陳列された本を眺めていると、自分が悩んでいること、壁にぶつかっていることへの模範解答例が、本という形で「こんなにあるんだ」と勇気づけられる気がするのです。

あ、本といっても、高尚な古典やビジネス書、小説に限定するわけではありませんよ。マンガや絵本など、何でもいいと思います。

いずれにしても、作者が魂を込めてつくった作品ですから、そこからパワーをもらえる気がします。

ちょっと元気が出ないなぁと思う日は、ぜひ本屋さんに行ってみてください。

きっと気分が晴れて、安定した自分を取り戻すことができると思います。

第3章

お客さまといい関係を築くためには

15

営業先に行きにくさを感じているのなら……

ボクシングの世界には、「ヒット&アウェイ」という戦術があります。パンチを打ったあとに、対戦相手から距離をとりながら戦いを進め、また、パンチを打つ。打っては離れ、打っては離れを繰り返すのです。

「蝶のように舞い、蜂のように刺す」とは、この戦い方を得意とした元世界ヘビー級王者モハメド・アリのキャッチフレーズです。

じつは営業の世界でも、お客さまとの折衝《せっしょう》、距離感において、似たようなやり方が有効とされます。つまり、商品を売り込むためにお客さまに猛烈にアタックするかと思うと、たとえ受注につながらなくても、ときには厳しい言葉でお客さまを諌《いさ》めたりもする……。

確かに、僕の周りのすごいセールスパーソンたちは、お客さまの判断が誤っているときにはしっかりと進言しています。

それなら、のび太くんタイプの人もこの「ヒット&アウェイ」作戦で……と言いたいところですが、難しいかもしれません。なにせキャラが違いますから。僕のような弱々しいキャラでは、お客さまに厳しい言葉を投げかけることは到底できません。

そこで僕がやるようになったのは**「タッチ&アウェイ」**作戦です。

「タッチ&アウェイ」作戦で意識してほしい「タッチ」は二つです。

一つ目は、「ハイタッチ」。

たとえば、プロ野球でホームランを打った選手を出迎えるときなどに、ハイタッチをすることがありますよね。

このハイタッチと同じように、お客さまと接するのです。

もちろん実際にハイタッチするのではなく、あくまでハイタッチするような陽気なテンションで、お客さまと「喜びを分かち合う」ということです。

具体的には、こんな感じです。

「この前、オススメしてもらって食べたランチ、本当においしかったです！」

「御社のキャンペーンに応募したら、当選しちゃいました！」

つまり、どんな些細なことでもＯＫなのです。

自身に起きた「よかったこと」「嬉しかったこと」を、お客さまに打ち明けて共有するのです。相手にも共通する事項だとなおさらよいですが、無理に関連づける必要はありません。

喜びはとても簡単に共有できるものです。

つまり、お客さまと「楽しい話題」や「共感できる話」を続けていけば、お客さまにとっても、その人が来てくれること自体が「嬉しいこと」になっていくのです。


もう一つの「タッチ」は、コンタクトチャネルを駆使してお客さまとの接点を増やすことです。メールや電話、ＳＮＳやファックス、郵便、直接会うなど、それぞれのチャネルごとに、ちょっとずつでいいので接点をつくることがポイントです。

いろんな「場」からお客さまに「タッチ」を繰り返しているうちに、自然と相手との関係が深まっていくというわけです。

この二つの「タッチ」が実践できていれば、離れているときの「アウェイ」に関しては、特別何かをする必要はありません。

多少訪問機会が減ったとしても、「タッチ」を意識さえしていれば、お客さまは「忙しいから来られないのかな？」と逆に気にかけてくれるようになります。つまり、「タッチ」が「アウェイ」を活かしてくれるというわけです。

「水の一滴岩をも砕く」という言葉がありますが、タッチが継続されていれば、いつの日にか、大きなヒットが生まれるようになります。

まずは苦手なお客さまと、さまざまなコンタクトチャネルを駆使して、自身に起きた嬉しかったことを共有するようにしてください。

まとめ●行きにくい営業先は「タッチ&アウェイ」で回ろう！

16

上手に自分を売り込めないのなら……

現代のビジネスパーソンは、多くの業務に追いかけられ、社内外でデジタルツールを駆使しながら、同時並行的にプロジェクトを進行させています。

そのため、実際にお客さまと向かい合い、膝を突き合わせて打ち合わせをする、という機会が減っているのかもしれません。

現在の一般的なビジネスシーンでは、「基本業務はWebベースで進め、月1回2時間程度の定例会でお客さまに会い、進捗管理・情報共有をする」というような流れが多いように思います。

こうしたスピード時代の流れとは逆行しますが、僕は、**立ち話でもいいから週1回5分、月に4回はお客さまとお会いすること**を奨励します。

じつはこの方法は、月1回お客さまへ2時間のプレゼンをするより、ずっと効果があり、しかも大切なことです。

僕がこのように「時間∧回数」を提案する理由は、「認知」の問題が関係しているからです。

人が商品を買うときの判断基準として、その商品への「認知」があります。認知されているということは「よく知られている」ということ。たとえば同じスペックの商品が並んでいるとき、「自分がよく知っているブランドだから」という安心感が、商品を購入する決め手になることは多いものです。

ですから各メーカーは、一人でも多くの人に認知してもらうために、あの手この手で宣伝や話題づくりを行っているというわけです。

セールスパーソンが、お客さまに自分自身や自分の売りたい商品を「知ってもらう」ときも同じです。商品の「認知」はもちろん、**営業においては、「この人から買いたい」と思ってもらえるかどうか**も、とても重要なポイントです。

自分という商品を知ってもらうには、間違いなく「時間∧回数」が有効です。

ですから、ほとんど顔を出さないセールスパーソンよりも、**まめに顔を出し、話をしたことのあるセールスパーソンから買いたくなるのは当然の心理**です。

そして、このときに大事なことがあります。

それは、お会いするたびに営業をしないということ。

月4回のうち、結果として提案は1回だった……というくらいで十分なのです。

セールスばかりしているとお客さまは会ってくれなくなりますし、こちらも仕事モードで、ストレスになります。世間話だけで終わる訪問があってもいいのです。

ただし、**この「何となく訪問しました」という体でも、アポイントはしっかり取ることが大切です**。「近くに立ち寄ったので……」という突然訪問は厳禁です。お客さまが忙しいときに突然お邪魔しても、悪い印象しか与えません。

ですから、必ずお客さまに電話連絡をして、確認してからうかがうようにしましょう。これも継続的に、高い頻度で会っていただける工夫の一つです。

複数回お会いしているうちに、きっとお客さまへのベストなご提案のタイミングが訪れるはずです。


まとめ●「時間∧回数」を意識してお客さまを訪問してみよう！

電話でのやり取りがうまくできないのなら……

みなさんは、電話でのコミュニケーションが好きですか?

僕は、正直苦手です。相手がどんな表情なのか見えない上に、ちゃんと伝えなくては……と無駄に焦ってしまいます。

特に、実際にお会いしたことのない方に、はじめて電話するときなんてドキドキして憂鬱になってしまいます。ましてや、その相手に電話口で冷たく突き放されたりしたら……もう、しばらく立ち直れません。

そんな僕なので、残念ながら電話営業でのやり取りや、電話でカスタマーサポートをするときの応対について書くことはできません。それでも、業務を行う上でなんとかうまくやるコツについて、僕自身の経験から書いてみようと思います。

僕もいくら電話が苦手とはいえ、営業をやっていて、その日まったく電話をしなかった……なんてことは、ほとんどありません。外回りをするセールスパーソンにとって、電話は必需品です。

そんなふうに必要に迫られた電話応対において、僕が心がけていることはたった二つです。

一つ目のポイントは、**最初の一言を「はい！」と、やや強めにはっきりと発話すること**。名乗る際の「酒井です」は、いつものトーンに戻してかまいません。

じつは強めの「はい！」を言うことで、**電話では伝えられない表情の代わりに、「元気だな、勢いがあるな」といった空気を表現することができる**のです。さらに、電話における会話の主導権を、上手に自分のほうに持ってくることもできます。

二つ目は、**「体全体で会話する」こと**。

たとえば、「お願いします！」と言うときには、思いっきり電話口でお辞儀をしてみましょう。

相手に自分の表情や態度が見えないからこそ、いつもよりオーバーリアクションで会話をするのです。そうすることで会話に勢いがつき、自分が話そうと思ったことを最後まで相手に伝えることができるようになります。

この二つをやっているだけで、電話が苦手にもかかわらず、お客さまからは、「酒井くんはいつも元気だね」「酒井くんの声には感情が乗っていていいね」なんて感想をいただくことがあるんです。

当たり前のことですが、お客さまは電話での会話で、声だけで相手のことを想像し、「感じがいいな」とか「しっかりした人なんだな」と判断しています。

それはつまり、**先方の「妄想」からコミュニケーションがスタートしているということ**です。

このとき最初の「はい！」で、いい印象を与え、体全体で話してその雰囲気を維持できれば、それ以後の電話応対を優位に進められるようになります。

こちらのペースで、しかも相手に嫌がられずに電話ができていると感じられれば、苦手意識も徐々に減っていくはずです。

みなさんも、ぜひ試してみてください。

まとめ●電話では、はじめの「はい」を大きく言おう！

18

お客さまとの会話が盛り上がらないのなら……

オフィスへ出社して、みなさんはいちばん最初に何をしますか？

それはＰＣを立ち上げることではないでしょうか？

いまや、一般のビジネスパーソンにとって、ＰＣは仕事と切っても切れないツールです。

ただ、ＰＣに向かう時間が増えたことで、肩こりや腰痛に悩まされている方も多いのではないかと思います。

僕も意識して背伸びをしたりしますが、「ボキボキ」と怪しい音が鳴ったり、体が硬くなってしまい、柔軟体操をすること自体が難しくなっています。そればかりか、**ずっと画面を見続けているうちに、自分の表情や感情までが「固まって」しまっている**ことも少なくありません。

そんな〝ＰＣ症候群〟が、会話やコミュニケーションにも影響しているとしたら、ちょっと問題ですよね。

ストレッチに関しては専門書にお任せするとして、ここでは簡単に、会話やコミュニケーションを活性化できる「うなずき」についてご紹介したいと思います。

みなさんは「うなずき」をしていますか？

たとえば、講演会で講師がどれだけ興味深い話をしていたとしても、聴講しているお客さまを見渡すと、無表情、無反応な人がたくさんいます。

僕自身、大勢の人の前で話をする際には、ただでさえ緊張するのに、無表情、無反応な多くの顔に囲まれると、なおさらどうすればいいのかわからなくなってしまいます。

僕の話が面白くないなら仕方ないのですが、聴講してくださった方とあとで個別にお話をすると、「とっても参考になりました！」と言ってくれたりするのです。

しかもとびきりの笑顔で、です。

その笑顔、講演中にも見せてくれればいいのに、と思うこともしばしばです。

じつは話し手にとって嬉しい反応は、「うなずき」です。

うなずくことで、「あなたが話していること、わかっていますよ」と、伝えることができるのです。

僕が話す側に立っているときも、やっぱりうなずいている人や、反応がある人に目がいきます。そして、「あの人は、いい人だな」「あの人のために今日は一所懸命に話そう」「あとで話ができたらいいな」なんて、考えるのです。

つまり、**どれだけ共感していても、どれだけ感動していていても、反応で示さないと相手には伝わりません。**

だからこそ、相手にわかりやすくて簡単な「うなずき」を実行してほしいのです。お客さまとの会話だけでなく、家族との会話、同僚との会話などに自然に織りませてみてください。

「うなずく」といっても、そんなに構える必要はありません。首のストレッチくらいに思って実践すればいいのです。

僕がオススメするのは「うん、うん」「はい、はい」と小動物のように小刻みにうなずくより、**「うーん、わかる」と少しゆっくり大きめにうなずくこと**です。

そして、ときおり「わかる……」と、相手に聞こえるか聞こえないかくらいの声でつぶやくのです。

相手の話すスピードが上がったら、自分のうなずきも少しピッチを上げます。「うなずく」ことで相手との空気や間《ま》を合わせるためです。

こんな簡単なことでも、**目の前にいる相手は気分が上がり、いつも以上にあなたに対して親近感を持ち、饒舌になってくれるはず**です。

人は、自分の話を聞いてくれる人を好きになる生き物です。

そして、自分の話を聞いてくれた人には耳を傾けます。

首のストレッチ代わりにうなずきをして、首や肩の痛みが癒えたころ、あなたは大勢の人から好かれるようになっていることでしょう。

まとめ●「うなずき」を意識してみよう！

19

完璧な営業ができないと落ち込みがちならば……

流れるように完璧な営業ができたらいいなぁ……。

セールスパーソンなら、心のどこかにそんな願望がきっとありますよね。でも、僕はいまだにできたためしがありません。

いや、むしろ今ではそれを目指すこともなくなりました。僕の営業のスタイルは、あえて「隙」や「ツッコミどころ」が満載なのです。

たとえば、あなたがパソコンを売るスタッフだとしましょう。

どんな製品にも長所がある反面、欠点もあります。

たとえばコンパクトではあるけれど、キーボードが小さかったり、たくさんの付属ソフトが入っているけれど、ハードディスクの容量が少なかったりするかもしれません。

僕に言わせれば、このような欠点は隠すのではなく、正々堂々とお見せしたほ

うがいい。

お客さまが他社との比較をされるというのなら、喜んでやっていただくべきなのです。

「それだと、お客さまが逃げてしまうんじゃないか？」と、心配される方もいらっしゃるでしょう。もちろん、逃げてしまう可能性はあります。

でも、あらゆる抜け道をふさぎ、「この商品は完璧である」とアピールして販売すると、契約後に一定の割合でクレームが増えてしまいます。

きっとそれは、お客さまがある段階で思考停止してしまい、買ったあとに、よく考えなかったことを後悔するからだと思います。

逆にデメリットを隠さず、すべてをさらけ出した上で選択してもらうと、「この商品のここは気に入らないけれど、やはりそれを補って余るくらいのメリットがあるから買おう」と、お客さまご自身が欠点を了承した上で、決断をしてくださるようになります。

するとお客さまの納得度も高まり、セールスパーソンへの信頼感も高くなります。

自分の運命は自分で決めたいのが人間の性です。

動機はさまざまだとしても、お客さま自身で「買いたい！」と判断してもらうために、その商品の、**いいところも気になるところも十分理解してもらえるようにするのが、セールスパーソンの役割です**。

それでは、すべてをアシストして、お客さまには何にも負担をかけないように準備万端、あとはお客さまが契約の判子を押すだけという状況はいいことでしょうか？　コンシェルジュの仕事の世界なら、確かにそれで満足していただけるのかもしれません。

しかし、**営業の現場では、足りない部分をお客さまに補ってもらい、自身でしっかり考えて決断をしていただいたほうが、うまくいくケースが多い**のです。

いずれにせよ、営業においてすべてにおいて完璧になる必要などはありません。

「酒井さんはこんなこと苦手だよね」と、あえて欠点を理解してもらえるくらいが、人間関係は長く続くものだからです。

抜け道がない完璧な営業を目指すと、セールスパーソンもお客さまも息が詰まってしまいます。

のび太くんをドラえもんがずっと支え続けるのも、欠点がたくさんあるからこそです。

完璧でないからこそ、人はその人に魅力を感じるのかもしれません。欠点も含め、すべてをさらけ出すほうが、じつはうまくいくのです。

まとめ●「隙」や「ツッコミどころ」をさらけ出してみよう！

コラム

元気な人と一緒に食事する

映画「サマーウォーズ」の登場人物、栄おばあちゃんこと、陣内栄さんは、「いちばんいけないのは、おなかが空いていることと、独りでいることだから」という名言を残しています。（映画「サマーウォーズ」公式サイト　http://s-wars.jp/）

まさにその通りだと思います。

人間単純なもので、元気がないときは、

「おなかが空いている」

「孤独を感じている」

ときだと思います。

そして、忙しいときほど一食抜いたり、独りでご飯を食べることが多くなりますよね。

毎日の食事を侮るなかれ。

知らぬ間に、心にストレスが蓄積されるきっかけになってしまう可能性があります。この問題を解決するのが、「元気な人との食事」です（家族団らんがベストなのはいわずもがなですが）。

自分が落ち込んでいるときに、元気な人と会うのが辛い……という気持ちもあるかもしれません。しかし、そんなときは、会うだけで終わらせるのではなく、「食事」もご一緒するようにしてください。そこが肝です。

食欲を満たすと、人間は余裕が生まれます。

拗ねてしまった元気のない自分でも、食後は不思議と目の前の人の元気を、ストレートに受けとめることができるようになっているはずです。

「元気さ」にはそれぞれ定義があると思いますが、直感で「あ、この人いいな」くらいの感覚でお誘いしてみましょう。

以前から気になっているあの人を、自分に元気がないと感じているときこそお誘いしてみませんか？

第4章

コミュニケーション下手を克服するためには

20

気持ちがなかなか伝わらないのなら……

突然ですが、みなさんはプールで潜水したことはありますか？

潜水とは、その名の通り水面から深く潜ることです。深く潜って、水中から水面を見上げてみると、平泳ぎやクロール、背泳ぎをしている人たちが、スイスイと泳いでいる様子がよくわかります。人に気持ちが伝わらないと思っている人は、こんな下から上を見上げるイメージで「褒めること」をしてほしいのです。

もう少し具体的に説明しましょう。

もう一度、潜水したときをイメージしてみてください。

もし、水鳥が水面にいるとしたらどうでしょう？

きっと陸上からは優雅に泳いでいるように見えると思います。しかし、それに反して、水中からだと懸命に水を掻いている足が見えるはずです。

みなさんは魅力的な人に声をかけるとき、目に見える部分を指して「すごいですね！」「素晴らしいですね！」と褒めるかもしれません。もちろん、それも「褒める」ことに変わりませんが、**その人の水中の足掻きにも注目してほしい**のです。

たとえば、

「デスクをいつも綺麗に片づけているけど、それが仕事にも出てるよ。計算ミスが少ないもんね。ありがとう！」

「毎朝少し早めに来て、コピー機の紙を補充してくれてるよね。ありがとう！」

「君がいつも丁寧にアイロンをかけてくれてるからかな。シャツを着ると気合が入るよ。ありがとう！」

こんなふうに、**外側の見えている部分だけでなく、目には見えない部分も褒める**。それが「潜水して水中から水面を見上げて褒める」ということです。

つまりは、相手の「少しこだわっていること」や「手間をかけていること」を見出して本人を褒めるということです。

「その〝足掻き〟を見つけるのが難しいんだけど」と思われるかもしれませんが、

足掻きとは、見える「ちょっとした違い」を支えている陰の努力のようなものです。その人が周囲の人と少し違うことをしているならば、その陰には必ず、「足掻き」があります。

足掻きは表面からはなかなか見えませんが、その結果としての「ちょっとした違い」を意識して相手の周辺を探せば、きっと見つかるはずです。

でも、そもそも「褒める」ことが難しいという人もいるかもしれません。「こんなこと褒めたら笑われるかな」と、口に出して言うのが少し恥ずかしいことってありますよね。

そんな人にも「潜水で褒める」ことをお勧めします。直接、褒める言葉につながらなくてもかまいません。ちょっとした違い、変化したことだけを言うのです。

「髪の毛切った?」ではなく、「何か変わった?」

「資料が見やすくなった!」ではなく、「資料スッキリしたね!」

まずはいきなり褒めようと思わないで、「ちょっとした違いに気づく」ところから始めてみてください。

その違いに注目することで、相手は「自分のことを見てくれている」と思うのです。もしくは、「人からそんなふうに思われてるのか。自分も知らなかった」という気づきになるかもしれません。

いずれにしても、**その人だけの努力している部分に気づいてくれた相手のことは、とっても身近に感じるはず**です。

そして、これは人だけに限りません。

自分が営業で扱っている商品やサービスの、ちょっとした「違い」に注目して、その部分をお客さまに伝えていけば、とても効果的な売り文句になっていきますよ！


まとめ●相手のちょっとした「違い」を見つけてみよう！

21

相手の名前を覚えられないのなら……

「あ、佐藤さん、こんにちは！」

このように、相手の名前を呼ぶか呼ばないかのわずかな違いで、営業の売上は変わってくるものです。

だからトップクラスのセールスパーソンたちは、ほぼすべての方が「相手の名前を呼ぶ」ということを、自然に実践しています。

もちろん営業だけでなく、コミュニケーション上手な方は、みんなやっていることでしょう。

のび太くんもちゃんと相手の名前を呼んでいます。

そう、いつも「ドラえもーーーん！」とちゃんと名前を呼んで助けを求めるから、「ふむふむ。のび太くんは仕方ないなぁ」となるのです（笑）。

冗談はさておき、僕自身も「お会いした方のお名前を呼ぶ」のは、比較的得意なほうです。

「名前を覚える」のが得意と言っているのではなく、「名前を呼ぶ」のが得意なのです。

もし、「名前を覚えるのが、じつは苦手で……」という人がいたら、無理に名前を覚えようとしなくていいと思います。

営業で大切なのは、**名前を「覚えよう」とするのではなく、名前を「呼ぼう」と意識すること**なのです。

人は、相手に名前で呼ばれたとき、自己を認識されたと喜びを覚えます。

なぜなら、名前を呼ばれることにより、自己重要感が高まって、とても心地よい状態になるからです。

逆にいうと、人は名前を忘れられることに敏感で、とても傷つくものです。だからこそ人とつながる営業の仕事では、「相手の名前を呼んでいるか」ということが、とても重要なポイントになるのです。

しかしながら、自分もついついお客さまのお名前を忘れてしまうことがあります。そのときはすかさず、いただいた名刺をさりげなく見返したり、フェイスブックでお名前を確認したりしています。

そして、「○○さんがおっしゃる通り……」などと、あえて意識して会話にお名前を含めるようにしています。

そうすると次回からは忘れにくくなります。この「お名前を呼ぶ習慣」を何度も何度も意識することで、記憶の中でお顔とお名前が一致してくるのです。

営業だけでなく、会話の中に相手の名前を入れるという行為を、人は案外やっていないものです。

たとえば会議の場面でも、「先ほど田中さんが言われていたことについて……」などと、人の名前をまじえて発言している人はそれほど多くいません。

とくに肯定の意見を述べる場合は、やはり名前を言うほうが、当人としてはかなり嬉しいはずです。みなさんだって上司から「田中くんは、なかなかいいことを発言したね」などと言われたら、とても気持ちがよくはないでしょうか。

ぜひこれからは、意識して名前を呼ぶようにしてください。

挨拶の際には、「おはようございます」ではなく、「田中さん、おはようございます」と言う。

名刺交換をした直後の会話でも、「和田さんのお仕事はどういったものですか？」と、すぐに名前を入れるようにする。

メールを打つときも、SNSの画面だとしても、「上坂さん、こんにちは」と、名前＋挨拶で文面を送るように心がける。

決して難しいことではないはずです。

たったこれだけのことですが、意外とほとんどの人がやっていませんから、好印象を得られ、ほかのセールスパーソンと差をつけることが可能となるのです。

まとめ●とにかく相手の名前を「呼ぶ」ようにしよう！

22

恥ずかしくて相手の目が見られないのなら……

アイコンタクト。相手の目を見る、ということですね。

これは確かにコミュニケーションを円滑にします。欧米諸国ではアイコンタクトをしないと、「目の前の相手に対して無礼である」とまで思われるようです。

でも僕は、アイコンタクトが苦手です。

もちろんお客さまや同僚と会話するときに、「ここぞ！」という訴求ポイントでは相手の目を見るように努力していますが、相手からはほとんど目を見ているようには思われません。

初対面の人と会話するときなどは、とにかく恥ずかしくて、アイコンタクトなんてできません。また、相手からアイコンタクトをされると、少し圧迫感を感じて、ふっと目線を外してしまいます。

結論から言うと、日本国内で日本人相手に営業をするなら、それでも問題はありません。

日本には昔から「阿吽《あうん》の呼吸」という表現がありますよね。吸う息と吐く息を合わせて、絶妙のタイミングで、ものごとを行なうことです。

たとえば、熟練の工匠たちが会話をすることなく連携して、淡々と美しい工芸品をつくる。あるいは熟年の夫婦がお互いの動きを慮《おもんばか》って、最適な動きをする。

目の合図ではなく、その場の空気や呼吸、雰囲気、所作を察して動く……日本にはこういう伝統があったから、文化的にアイコンタクトが発展してこなかったという考え方があるのです（詳しくは、東京大学大学院総合文化研究科長谷川寿一教授の研究結果を参照ください→http://www.u-tokyo.ac.jp/public/public01_250314_j.html）。

ですからアイコンタクトが苦手でも、相手が日本人であれば、空気や雰囲気だけでも「あなたを慮っているよ」と伝えることができるのです。

とはいえ、訴求ポイントでどうしてもアイコンタクトしたい場合もあると思います。そういうときには、これからご紹介する**「酒井式アイコンタクト」**を試してみてください。

もし相手が男性の場合は、その男性の**「ネクタイの結び目」を見るようにする**のです。女性の場合は胸元に目線がいくと失礼なので、「おでこ」のあたりを見るようにします。

これだけで従来のアイコンタクトと、そんなに変わらない効果があるのです。

僕はずっとこの方法を続けてきましたが、相手から怪訝《けげん》な顔をされたことは一度もありません。むしろ大半の人は、**「見られているのに、圧迫感を感じない」と、ソフトな印象を持ってくれるものです。**きっと、ギラギラした目でアイコンタクトされるより、何倍も好印象だと感じられるはずです。

しかも、自分自身も「アイコンタクトしなきゃ！」という呪縛から解き放たれるため、目を見るのが苦手な人にとっては、かなりラクにお客さまと対面できるようになるはずです。

いきなり商談で実践すると緊張してしまう人は、身近な相手や、鏡に映った自分で練習してみてください。テレビのアナウンサーを相手に試してみてもいいですよ。

よく、コミュニケーションのビジネス書などには「相手の目をよく見て話す」なんて書かれています。でも、実際その通りにすると、なんだか違和感があるのも事実です。教科書を読んでいて「あれ、これは自分には合わないな」と思ったら、何でも鵜呑みにするのではなく、自分にしっくりくるやり方を、どんどん試してみてください。

フランスの作家サン・テグジュペリは、こう言っています。

「愛すること。それはお互いを見つめ合うことではなく、一緒に同じ方向を見つめることである」

日本式アイコンタクトをすることで、最終的にお客さまと同じ方向を見ることができれば、仕事もうまく進みますし、相手と対面する苦手意識も消えていきますよ。

まとめ●「酒井式アイコンタクト」を活用しよう!

23

「いい判断」ができないのなら……

僕たちは一日のうちに、何回もの判断や、決断を重ねて日々を生きています。

「今日のランチは何にしよう……」

これだけのことでも、それは決断です。

そしてその決断の数は、年齢を重ねるごとに増えていませんでしょうか？

そして、その判断によって影響を及ぼす範囲も年々広がっているはずです。

みなさんはそんな判断を、どのように下していますか？

直感？　それとも、データや数字を元にして？

のび太くんタイプの方もそうかもしれませんが、僕は、とかく感情に引きずられることが多いです。そして、本書ではそれを活かすことをすでに述べてきました。

けれども感情一辺倒では、同じ失敗を繰り返してしまうことがあります。

ですから、可能な限り**「事実」のみを見る**ことを心がけてください。

事実のみを見るというのは、**今現在、目の前に起こっていることを客観的に捉えること**ということ。

そんなことを言うと、まるで優秀な経営者みたいですよね。のび太くんらしくない（笑）。

ただ、こんな考え方をするようになったのも、僕が数多くの失敗を積み重ねてきたからなんです。

僕はかなりの直感型人間で、「この方法で間違いない！」と思ったら猪突猛進するタイプでした。しかし役職に就いて、部下に対しても責任を持つ立場になった現在では、そうしたことに加えて、お客さまの業績にかかわる重大な案件までも任されるようになりました。このように、失敗を繰り返せない立場に置かれたこともあり、ロジカルと感情の双方からバランスよく考えられる視点を身につけるよう心がけ始めたのです。

でも、思いついたら即行動の「のび太くん」が、出木杉くんみたいに冷静な判断ができるのでしょうか？

じつは、判断するときに簡単に使えるひみつ道具（フレームワーク）があるのです。

それは、**「いいとか悪いとかじゃなくて」と言ってみること**。たったこれだけです。

僕もそうですが、ついつい人は、「これはすべきじゃない」などと決めてかかって判断してしまうことがあると思います。

しかしながら、**僕たちが頭を悩ます問題とは、たいていメリット、デメリット両面を持っているものです**。

絶対的にいいことや悪いことというのは、この世に存在しないのです。

しかし、自分が「正しい」「間違ってる」と思うと、人はその件に関して妙に頑固になってしまいます。

だから、「いいとか悪いとかじゃなくて、どうなんだ？」と自分に問うてみると、自分の持っているこだわりが一度リセットされて、目の前の事実のみに目を向けることができるというわけです。

このフレームワークはお客さまとの会話においても、使えます。

「○○さん、いいとか悪いとかではなく、この商品はこんな場面で使えると思うんです」

セールスパーソンは自分の商品のメリットばかりを羅列しがちですが、**それらのメリットだけを強調するのではなく、純粋にこんな活用ができるという事実だけを伝えると、新たな展開が開けるものです。**

もしセールスパーソンがメリットばかり話していたら、たとえそれが事実だとしても、お客さまは「スー」っと引いてしまいます。その商品の特性よりも、「いいことばかり言って、この人、本当に信用できるの？」とセールスパーソンの怪しさが際立ってしまうからです。

そんなときに、このフレームワークを活用すれば、商品の事実のみを見てもらえるようになります。事実を元に判断していただくことは、お客さまにより納得感を持っていただいた上で購入してもらえるということなのです。

この「いいとか悪いとかではなく」というフレームワークはとても簡単なので、ぜひ使ってみてくださいね。

まとめ●判断の際、「いいとか悪いとかではなく」と言ってみよう！

24

コミュニケーションがあまり広がらないのなら……

「正直」と「誠実」の違いって何でしょうか？
この二つは、似ているようで確実に違う概念です。
とくに営業の世界や、コミュニケーションにおいて、この違いは重要です。
念のため、それぞれの意味を確認しておきましょう。

【正直】 正しくて、うそや偽りのないこと。また、そのさま。
【誠実】 私利私欲をまじえず、真心をもって人や物事に対すること。また、そのさま。

（出典：ｇｏｏ辞書）

たとえば、友人からプレゼントをもらった場面を想像してみてください。

友人「酒井くん、先日は娘さんの誕生日だったよね。よかったらこの服、お子さんにどうぞ」

僕「あ、ありがとう！（派手なシャツだな……。これ、あんまり好みじゃないな……）」

友人「サイズもぴったりだし、その色、すごく似合うと思うんだ！」

僕「そうだね！　娘が持っていなかった色だから、早速着せてみるよ！」

これは「誠実」な対応です。

好みではないと思いながらも、「娘が持っていないラインナップだから着せてみよう」という返事は真心をもった対応です。

「正直」な対応の場合は、こうなります。

友人「酒井くん、先日は娘さんの誕生日だったよね。よかったらこの服、お子さんにどうぞ」

僕「あ、ありがとう！……あ、でも、このシャツ、娘には似合わないと思うから、気持ちだけいただくよ」

友人「……」

まあ、こんな極端なことはないと思いますが（笑）、わかりやすく説明すると、そういうことになります。

正直と誠実、どちらも大切な要素です。ただ、**場合によっては「正直より誠実を優先したほうがいい」**というのは、この例で明らかだと思います。

正直な対応は、ときにコミュニケーションをクローズさせてしまう場合があるのです。

気持ちを言い放った自分は納得感で満たされるかもしれませんが、言われた相手はモヤモヤが残ったままになり、不満を抱えてしまうことになります。

「まさかそんな対応はしない」とみなさんは思うかもしれませんが、意外と知らず知らずにしていることが多いものです。

誠実な対応の目的とは、**お客さまとのコミュニケーションにおいて、可能性を広げること**です。「厳しいかな」と、本音では思っていても、**やれる可能性を一所懸命に探ってみる。これが営業における「誠実さ」なのです。**

僕の周りの、すごいセールスパーソンたちの折衝《せっしょう》に同行すると、かなりストレッチの利いた伸びやかなトークを展開していることがよくあります。

たとえば、お客さまが「納期があと1日短くなれば採用できるのだけど……」と言うと、セールスパーソンはすぐに「そうですか！　何とか1日短縮できないか確認してみます。いや、実現してみせます！」と断言します。

「事前の社内ネゴシエーションもないのに、そこまで言っていいのかな?」なんて、僕がドキドキすることもありますが、それでも誠実さを欠かさず、お客さまとの可能性を広げているのです（同時に社内での可能性も広げているわけです）。結果として要望にすべて応えられないこともあるかもしれませんが、その場で杓子定規に、すぐに「できない」と即答することは決してしません。

みなさんも「正直」と「誠実」の違いをしっかり認識し、営業での折衝やコミュニケーションでは、できる限り「誠実」な対応をするよう心がけてみてください。

まとめ●「正直」と「誠実」の違いに気をつけてみよう！

25 コミュニケーションに壁を感じているのなら……

「もし、自分がお客さまの立場だったらどうだろう……」

そんなふうに考えることが大切だとわかっていても、実際にはなかなかできないものです。一所懸命お客さまのためを考えて営業をしているつもりでも、いつの間にか「売る」ということに必死になってしまうことがあります。

現在、僕はこれまでの自分の経験を活かして、コミュニケーションの指導を行なっています。その結果、消極的なセールスパーソンがさまざまな方法を習得し、コミュニケーションに自信が持てるようになっています。しかし、彼らは必ずといっていいほど、壁にぶつかってしまいます。

壁というのは、近くにいる家族や友人にも、自分が習って実践しているコミュニケーション術を期待してしまうことです。

周りの人が、自分の期待するようなコミュニケーションができないと、上から目線で相手を見るようになり、傲慢な態度をとってしまう。もしくは、相手のコミュニケーションの稚拙さを嘆いたりするのです。

たまたま自分が知った知識を、相手も知っているとは限りません。当然ですが期待すること自体、お門違いなのです。

営業で商品やサービスを売る場合も同じです。お客さまのことを考えて「これはいいものだから！」と、どれだけ思っていたとしても、それはあくまでも売り手の考え、都合でしかありません。

「あなたが勧めたいもの」は、お客さまにとって必ずしも関心のあることではない場合もあるのです。

「こんなによい商品なのに、なんでお客さまはわかってくれないんだろう……」

そんなふうに思ってしまうかもしれませんが、こんなときこそ「もし自分がお客さまの立場だったらどうだろう」と考えてみてください。

「自分が買う立場なら、このスペックを重視するかなぁ」

「この言い回しだとなんだか売りつけられている気がして嫌じゃないかなぁ」

商品について、売る側からのみ勉強している自分に対し、お客さまの立場にいる自分が客観的に問いかけて、売る側と買う側のバランスをとる。

少しややこしい言い方になりましたが、大切なのは営業する側一辺倒ではなく、「自分がお客さまだったらどう思うだろう?」という視点を、いつでもどこでも持てるようになることです。

僕はこうした視点の切り替えができるようになるために、「絵を思い浮かべること」と「現場に身を置くこと」の二つを心がけています。

「絵を思い浮かべること」とはそのままで恐縮ですが、相手の状況や考えを「絵」としてイメージで想像するということです。

「田中さんにこれを提案する場面はどんなふうにすればベストかな。自分があの場所で、この時間にこの提案のプレゼンを受けたら、どう思うかな」

そんなことを絵でイメージするようにして考える。

ただ資料を見て文字情報だけでインプットするより、「自分だったらどうだろう」とリアルに感じることができるので、オススメです。

そして、「現場に身を置くこと」とは、商品が実際に使用されている現場へ足を運ぶという意味です。実際に現場を見ることで、「できると思っていること」と「実際にやれること」の違いが明確になります。

ですから僕はできる限り現場に足を運んで、イメージを固めてからお客さまに商品を提案するようにしています。

こうした「お客さまの立場だったらどうだろう」という視点を持つことができれば、お客さまがもっと身近になり、今まで以上につながりを深くすることができるでしょう。

営業に行く際は、必ず頭の隅にこの言葉を入れておくようにしてくださいね。

まとめ●「お客さまの立場だったらどうだろう」と考えてみよう

26

自分の話が相手に伝わっていないと思うのなら……

声で魅了される。歌声に涙を流す。

みなさんは、そんな経験がありますか？　僕には、あります。

新人時代、仕事でミスをして、多くの方に迷惑をかけてしまいました。それでもミスを取り返すために処理を進めなければならなかったことがありました。本当に辛く、大変でした。

そんなタイミングで、ゆずの『虹』という曲をライブで聴き、僕は号泣した経験があります。

自分がミスしたことなので、もっとしっかりして前に進んでいく気持ちはありましたが、やっぱりどこかで悔しさや情けなさといった感情に蓋をしていたのでしょう。自分でもびっくりするくらいに、涙が頬を流れ落ちていきました。まるで防波堤が決壊したように。

あのときは、曲の歌詞、ライブ会場の雰囲気など、多くの要素が混ざり合っての感動だったと思うのですが、やっぱり歌い手の声に圧倒され、包み込まれたことで、気持ちが涙となって噴出したのだと思います。

そう思うと、声が人に影響する力というのは、僕たちが思っている以上に大きいのかもしれません。

たとえば、いつも電話を取ってくれる会ったことのない人を、その声だけで「きっとこんな人なんろうなぁ」と想像してみたり、「このＤＪの声が好きだから、ラジオ番組を聴いてるんです」と、声が決め手になって行動している人もいることでしょう。

声は聴覚を通して、五感すべてを刺激します。だから人間関係においても、もっと上手に声を使うことをオススメしたいのです。

そこで質問です。みなさんは自分の声を知っていますか？

ビデオで撮影されたときの自分の声に違和感があり、「自分の声が嫌いなんです……」という人も多いですよね。

僕自身も自分の声を聞くと、気恥ずかしくなるタイプです。ただ、声が相手に与える影響が大きいからこそ、好き嫌いではなく、自分の声を知っておくことは大切なのです。

それに何より、**声は人間関係の改善にかなり効果があるのです。**

じつは**自分の声の特徴を知っていると、トークの内容に合わせて、声の「高い低い」「大きい小さい」「速い遅い」といった抑揚を駆使しやすくなります。**

僕も録画されたビデオを見て初めて、自分の滑舌が悪いこと、やや高めの声、地声が大きいことを知りました。

だからお客さまにアピールしたい場面では、ゆっくりと低めの声を意識して、ときにはトーンを落とした感じで会話しています。

たったそれだけのことですが、お客さまには、「酒井さんは本気だな」と感じていただけるというわけです。

自分の声を知って、それを磨くことは、セールストークのロールプレイングをするのと同じくらい大切なことだと思います。

ビデオを使わなくても、自分の声を知る方法は簡単です。最近のスマートフォンにはボイスレコーダーや、ボイスメモ機能がついているものが多いですよね。そこに、「こんにちは。酒井晃士です。どうぞよろしくお願いします」と録音する。その録音結果を客観的に聴くのです。1分くらいで終わるので、ぜひ一度やってみてください。

録音された自分の声は、ふだん聴いている声とは違いますから、誰でも違和感があるはずです。

でも、あなたの声はあなただけのものです。

そこに、いい悪いはありません。アルトにはアルトの、テノールにはテノールの活かしどころがあります。

まずは**あなた自身の声を知って、上手に活用してみてください**。その結果、「声がいいね」と、お客さまの印象がよくなり、仕事の成果につながることもあるかもしれません。

まとめ●自分の声を知り、聞きやすい話し方を研究しよう！

27

後輩に慕われたいと思っているのなら……

僕はありがたいことに、社会人になる前の学生時代から、先輩とご飯をご一緒する機会が多く、そのたびにおごっていただいておりました。

あまりにも頻繁にご馳走になっていたので恐縮していると、「お前はこれから後輩に返してやればいいんだよ。俺らもそうやって先輩におごってもらったんだから」と言われました。こうやって人のご縁は延々とつながっていくのだと、ありがたく思ったものです。

こうした昔ながらの慣習に反し、現在の職場関係は、プライベートのつき合いが薄くなる傾向にあります。だから「後輩におごる」という機会も、昔よりは少なくなっているかもしれません。

でも、オフィスで働いている時間を使って、簡単にできることがあります。

それは **「言葉でおごる」** という行為です。

では、「言葉でおごる」とは、いったいどういうことでしょうか？

金銭的に「おごる」場合だけを考えてみても、後輩にランチをおごる、おいしいお店に招待しておごる、記念日のお祝いにちょっと贅沢なディナーをおごるなど、シチュエーションはさまざまですが、そこには必ず「笑顔」が溢れています。

「言葉でおごる」も同じで、笑顔が溢れる状況を言葉で提供してみるのです。

褒めることに少し近いのですが、優しい言葉のみに限らず、相手が「アガる（成長する）」ように、ときには厳しい言葉も意識して投げかけるのです。

じつは、**多くの人に慕われているリーダーは、金銭的なおごりよりも、これらの「言葉でおごる」行為を自然にしている方ばかりです。**

難しく考える必要はありません。

僕が実際に使っている「言葉でおごる」際のキーワードを紹介しましょう。

▼「ありがとう！」「ありがとうございます！」……これは基本です。「一日最低一〇回」が原則。ありがとうは言いすぎるくらいでちょうどいいのです。コピーしてもらったら「ありがとう」。いや、コピーを頼む時点で「これお願いいね。ありがとう！」なんて使い方もできます。

▼「確かに！」……あいづちです。お客さまが話しているときに、あいづちで「確かにそうですね」。相手から「そう思わない？」と聞かれたら「確かに！」。僕は「確かにビート」と呼んで、よく使っています。相手への同意を示すことで親近感を生み、会話のリズムをもつくるので、一石二鳥です！

▼「すごい！」「なるほど！」「教えてください！」……頭文字をとって「すなおワード」と呼んでいます。相手の年齢に関係なく、この言葉を使う方を、僕は尊敬します。女性はこれらを自然に使いこなせれば、そのたびに男性は手の平で転がされていきますよ（笑）。もちろん男性であってもどんどん活用してみてください。

▼「……」(間《ま》を味わう)……あえて無音で言葉を発しない時間をつくる。
「もう言葉にならない」という感じを「間」で表現する。相手が「どうしたの?」と聞いてきたら、「うまい言葉が見つからなくて……」と返すのです。

最後の「間」は少し上級者向けです。効果的に使えればいいのですが、相手によっては「なんでこの人黙っているんだろう?」と思われるかもしれません。やはり最初は、言葉を発して相手に「おごる」ことからやってみましょう。

これらの言葉を使って会話に弾みをつけ、ぜひ「言葉でおごる」くせをつけてください。みなさんがおごった言葉たちは、リレーされていきます。自分の使ったいい言葉は、必ずなんらかの形で自分に戻ってきますので、そのときを楽しみに、どんどん活用してみてくださいね。

まとめ●言葉で相手に「おごる」という方法を知ろう!

28

人の気持ちが理解できずに困っているのなら……

声の活用法を、もう少し続けましょう。

小学生のときに国語の教科書を朗読する、という宿題がありましたよね。

朗読とは、単なる音読とは異なり、感情を込めて文脈を意識しながら、声に出して文章を読むことです。

今はなかなか、そんな機会がありませんよね。デジタルメディアが発達したことで、じっくりと本を読む機会自体が少なくなっているからかもしれません。

一方、本という形ではなくても、ブログ、メール、資料の読み込みなど、文章に触れる機会は多くなっています。スマホで気軽に記事を読んだり、ちょっとした調べ物をしたり。読んでインプットする時間は、むしろこれまでより増えているかもしれません。

そんな現代だからこそ、みなさんにはぜひ「朗読」を試してほしいのです。

あえて、声を出して感情を込めて文章を読んでみてください。

なぜ、今さら朗読をみなさんにオススメするのかというと、三つのメリットがあるからです。

一つ目は、感情を込めて文章を読み上げることで、筆者の想いが理解しやすくなること。

黙読と比較して、リアルに、自分のこととして文意を読み解くことができます。

そして、**朗読を続けていくと、文章の理解度が高まるだけでなく、目の前の人の気持ちを理解することもできるようになるのです。**

つまり朗読は、コミュニケーションの活性化に役立つわけです。実際、「小学生が朗読に取り組むことによって、コミュニケーションが活性化した」という研究結果があるといいます。

二つ目は、朗読をすると言語能力が発達することです。

それは、自分が声で発している朗読内容を、自分の耳で聴くことができるからです。

記号としての文字だけではなく、耳で音を聴き、その音を脳で覚えて別の機会に再現する。これによって、語彙が増え、表現のバリエーションが豊かになっていくのです。

とくに日本語には、橋、端、箸など同じ音の言葉が多く存在します。また同じ風景でも、さまざまな表現手法があります。雨という自然現象一つとってみても、春雨《はるさめ》、時雨《しぐれ》、五月雨《さみだれ》……というように。

それらを読み上げて表現することで、自然に表現の仕方を身につけられるのです。**状況に合ったうまい表現が使えるようになれば、周囲への伝達度も確実に高まります。**

最後は、効果的な「間《ま》」を使えるようになることです。

「行間を読む」などとよく言われますが、まさにその通り。朗読すると、文章に込められた言葉にならない感情や、雰囲気などを体感することができるのです。

営業の現場では、**お客さまとの折衝《せっしょう》の場面で「間」をうまく扱えるかどうかが、最終的な受注を左右するといってもいいぐらいです。**

商品やサービスの強みを話すときの「間」、お客さまへのメリットを説明するときの「間」、金額をお伝えするときの「間」。それぞれに適切で効果的な「間」があるのですが、そういうものは、簡単に会得できるものではありません。

営業の本番で、いきなり上手に「間」を使えるようになるのは難しいことなので、**いろんなシチュエーションが書かれた文章を朗読して「間」をつかむのは、すごく効果的な練習になるのです。**

今すぐできる簡単な「朗読」で、理解力と表現力が向上する。そして、営業に必要な「間」を学ぶことができる。

仕事で使う言葉や書く文章に対しても、「朗読」を取り入れてみるだけで、自分の表現の奥行きと幅が出てきて格段によくなるので、絶対オススメです。

まとめ●多くの文章を朗読してみよう！

29

周りの人とギクシャクしてると感じているのなら……

人との会話がかなり苦手だった僕には、社内のコミュニケーションにメールはなくてはならないものでした。

メールでなら、いつもは恥ずかしくて面と向かって言えない言葉も、簡単に相手に伝えることができました。

こんなふうにメールに頼っている方は、大勢いると思います。

でも**ビジネスにおいては、やはり「相手と実際に会話をする」ことが大切です**。

メールで用件を済ませるのは便利ですが、送りっぱなしで終わらせるのではなく、フォローの電話をしたり、場合によってはその場に足を運んだりして、直接会って会話をする。**「伝えたよね」ではなくて、「伝わった」かどうかを確認することが、とても大切なプロセス**になります。

けれども、のび太くんは、会話が苦手です。緊張して言いたいことが伝わらなかった……というケースだって起きてしまうかもしれません。

そこで便利なのが、ポストイットです。

メールやメッセージアプリは、便利な反面、コミュニケーションとしては「サーッ」と流れてしまう印象があります。そのため、どうしても文面が冷たく、事務的な感じが拭えません。

しかし、**ポストイットでの手書きのメッセージだと、情報量は少ないですが、相手の手元に残り、メールと比較して自分のオリジナリティや素直な気持ちを込めることができます**。

たとえば、書類を渡すとき一緒にメッセージを記して机に置く、食器洗いをいつも丁寧にしてくれているかみさんに感謝のメッセージを台所に貼り付ける、など日常のあらゆる場面で、ポストイットは簡単に使うことができます。

さらに、「へー、こんな字を書くのか」「こんな色のペンを使ってるんだ」などそんなことが相手にわかるだけでも、メッセージを書いた人間の温もりが伝わることになります。

また、最近はポストイットもいろんな色やデザインがあるので、もらった相手にも「自分のためにメッセージをくれた」という、ちょっとした「特別感」を持ってもらえます。

僕は、このポストイットのメッセージを活用するようになって、かなり変わったことがあります。**それは、「今までよりも、もっと多くの感謝の言葉を伝えられるようになった」ということです。**

シャイな僕は、「ありがとう」といった単純な言葉を、職場でも家でも言いそびれてしまうことが多かったのです。それが原因で人間関係に余計な摩擦を生むケースもありました。

感謝の気持ちはちゃんと伝えなくてはいけないものです。お客さまはもちろん、上司や部下だけでなく家族にも。でも直接の会話で伝えるのは少しハードルが高いときもあるでしょう。ポストイットは、それをカバーしてくれるのです。

まとめ●ポストイットにメッセージを書いて渡そう!

30

メールでもっと気持ちを込めたいのなら……

メールだと、なんだかうまく気持ちが伝えられていない気がする……。

そんなふうに思うことはありませんか？

僕はよくありました。電話と同様に、自分の気持ちをうまく表現しきれていないような気がしていたのです。

そこで、もっと自分の思いが伝わる方法がないかと工夫したのが「感嘆符」です。

じつは**「！」を、ビジネスメールでうまく使うことで、簡単に意図や気持ちを表現することができる**のです。さらに、お客さまとの親近感を表現することもできます。

「ビジネスの現場で感嘆符なんて使っていいの？」と思う方もいらっしゃるかもしれません。

確かに、プライベートで感情や想いを表現するために友人たちに使う「顔文字」や「スタンプ」は、くだけ過ぎているのでビジネスにおいてはアウトです。

しかし、「！」は、ビジネスにおいて、何とか気持ちを乗せることのできるギリギリのラインといえるのではないでしょうか。たとえばこんな感じです。

「田中さん、メールで依頼されていた資料作成、完了しました！」
「明日からの打ち合わせ、どうぞよろしくお願い致します！」
「早速の受注、ありがとうございます！」

「！」を上手に使うことで、「この人、本気なんだな」「勢いを感じるな」「思ったより親しみやすい人なんだな」と、相手が好意的に受け取ってくれるようになります。

もちろん、「！」だらけの文章はおかしいですが、強調したい部分や、気持ちを込めたい部分の文末に加えると、それだけで無味乾燥なメールが、生身の人と人とのコミュニケーションに近いものになります。

なんでも、新聞のテレビ欄は、景気がいいと「！」が増えるそうです。これには、大勢の人の感情が前向きになっている風潮が反映されているのでしょう。

ビジネスだから、お客さまだから、礼儀正しくしなければ、という意識はとても大切なことです。

でも、長い時間をかけてちゃんと関係を築いていく相手なら、「気持ち」をできるだけ込めたほうが、関係はよりうまくいきます。

逆に、いつまでも「よそよそしい」感じの事務的すぎるメールや、業務連絡ばかりだと、「この人は、それほどこちらを大切に思っていないのかな？」と疑われてしまいます。

「！」をちょっと工夫して使うだけで、相手からのメールの返信も変わってくるはずです。

これもぜひ、日々の業務に取り入れて使ってみてくださいね。

まとめ●メールで感嘆符「！」を使ってみよう！

＼コラム／

「もう、どうやっても動けないよ……」

そんなときは奥の手です。

僕も一度しか使ったことがないので、再現性があるか少し疑問ですが、何かのヒントになればと思い、本コラムに書かせていただきます。

もうどうしても動けなくて、すべてが嫌になったときは、「誰か自分以外の人のために」動くことを考えるのです。

「え？　そんな余裕なんてないよ……」

そう思うかもしれません。

本来、僕も小さい人間なので、どうしても自分本位で考えてしまいますし、自分をいちばんに優先しちゃいます。

だから、みなさんが「誰かのために」なんて無理。しかも自分が追い詰められているときになんて……と、そう思う気持ちは痛いくらいよくわかります。

な[illegible]いう「誰かのため」というのは、自己犠牲の上に成り立つものではありません。そんな立派なことは、確かに追い詰められた「のび太くん」にできっこありません。

正確には、「自分に期待を寄せてくれている誰かの力を借りて、動かしてもらおう」ということなのです。たとえば、家族から寄せられた期待を活かして、家族のために動くだけだっていいのです。

あなたの周りであなたに期待している人は、少なくとも一人くらいはいるはずです。

でも、どうしてもそんな「誰か」が見つからない場合は、もう究極ですが、「まだ出会っていない誰かのために」動こうと思ってみてください。

不思議と一歩踏み出せる自分が見つかるはずですよ。

いつもいつも「期待に応えなきゃ」と思っていると疲れちゃうけど、切羽詰って動けなくなったときはぜひ、試してみてくださいね。

第5章

自分なりにでも
成長を目指すのなら

31

仕事モードのON／OFFがうまく切り替えられないのなら……

外回りをするセールスパーソンなら、スケジュールによっては、朝、オフィスに立ち寄らずにそのままお客さまのところへ「直行」したり、お客さま先から「直帰」することがありますよね。

場合によっては、いつもの出勤時間よりゆっくりと朝のひとときを過ごせたり、早めに退勤して家族との時間を増やせたりすることもあるかもしれません。

でも僕は、**直行や直帰を極力しない**ことを推奨します。

僕も、商談先が自宅にとても近い距離にある場合など、物理的な効率は考慮していますが、可能な限り、オフィスに顔を出してからお客さま先を訪問するようにしています。

ノマドワーキングが全盛の現在、少し古めかしい考えかもしれませんが、それでも直行や直帰を避けるのには、三つの理由があるのです。

一つ目は、意志の弱い僕だからこそ、**一度職場に立ち寄ることで、仕事モードのON／OFFスイッチを切り替える必要がある**ということ。

僕の場合、どうも直行すると、いつものペースで商談を進めることができません。家からそのまま遊びに来たような感じになってしまい、なんとなくだらだらしてしまう。プロとしてあるまじきことなのですが、仕事上、どうしてもいいリズムを生み出せないのです。

また、直帰した場合も、どうもその日一日の仕事をやり切ったという感じがしません。

そもそも、前日から「明日は直行直帰だから」なんて思うと、だらけた気持ちで仕事に取り組んでしまいそうな気がするのです。

だから自戒の意味も込めて、僕はオフィスに立ち寄っています。

二つ目は、勤怠が仕事の基本であると強く感じているからです。

意外にこの基本は、最近はないがしろにされているように思います。

それに僕の経験からすると、**出退勤があいまいな人は、アポイントの時間もい**

い加減なことが多いんです。むろんしょっちゅう遅刻するわけではありませんが、「一分くらい遅刻したってどうってことないだろう」といった考え方の人がよくいます。

確かに一分だと大勢《たいせい》に影響はないかもしれません。ただ、**わずかな時間だとしても、「相手の貴重な時間を奪ってしまっている」と考えるかどうか**は大きな差になります。

基本ができない人に、応用はできません。特に営業はさまざまな価値観を持った人と、さしたる情報もなく接するような仕事ですから、基本ができていないと、お客さまとの信頼関係を築く際にマイナスになってしまうことが多々あります。自由な働き方が広がってきている現代において、あえて出退勤を目に見える形でしっかりと行なうことで、自己規律が生まれ、それが結果にもつながっていくと思うのです。

最後の三つ目ですが、直行（直帰）できるのにわざわざオフィスに立ち寄ることで、周囲の同僚に「お、こいつ、ちょっと一味違うな」とアピールすることができます。

また、直行せずに朝一でオフィスに立ち寄ることで、朝早めに来ている意欲的な人との有益な会話を楽しめます。周りに大勢の人がいないので「大事な話」を自分だけにしてくれたりもします。

さらに、仕事が終わらず残業している後輩がいた場合など、声をかけることもでき、円滑なコミュニケーションを図ることができます。


いきなりすべての直行直帰をやめる必要はありません。無理なく、自分のできるペースで、まずは「三日に一回は直行直帰をやめる」という目標でもかまわないでしょう。

きちんとオフィスに立ち寄ることで、だんだんと生活にリズムが生まれ、周囲の評価も変わってくるはずです。


まとめ●オフィスへの立ち寄りで、スイッチを切り替えよう！

32

人脈づくりに疲れを感じているのなら……

「おい、酒井！　せっかくの機会なんだから名刺交換くらいしてこいよ！」

さまざまな企業が集まる展示会に出展することになり、そのお手伝いに借り出されていた僕は、上司からこんなふうに怒られました。確か入社一年目のときです。

セールスパーソンが積極的に異業種交流会などに参加し、自分のビジネスに効果的な人脈を獲得するため、可能な限り多くの方と名刺交換をする——。

人との出会いをきっかけにビジネスが軌道に乗ることは多いので、僕自身もその効用を身をもって感じてはいます。

ただ、僕はどうしても、見知らぬ人に自分から話しかけて、名刺交換をすることが上手ではありませんでした。

それでも新入社員の頃は、どうにか頑張らなくてはいけないと、わざわざオリジナルの名刺をつくったり、いただいた多種多様な業種・デザインの名刺をホルダーごとに整理したりもしていました。

でも、その名刺はきちんと整理されているだけで、使われた形跡はほとんどありません。名刺集めが、のび太くんの切手集めのような自己完結した習慣になっていたのでしょう。

もちろんそれでは、**名刺をストックしているだけで、その人たちが人脈になっているとは到底いえません**。

実際、手元にある名刺をきっかけに、「あのときご挨拶しました○○です」と電話をかけたり、メールをできたりする人は、多くても数人程度だと思います。

しかも、相手からすれば突然の連絡なわけです。「え？」と怪訝に思われるか、そもそも思い出してもらえないことだってあるでしょう。

人見知りで緊張している自分を、無理に奮い立たせて名刺交換をするうちに、僕は「これでは、意味がないのではないか？」と思うようになりました。

そしてこう考えるようになったのです。

「気の向いた人とだけ名刺交換すればいいんじゃないか」と。

気の向いた人とは、「あ、この人いいな」「なんだか気が合いそうだな」と、直感で思える人のことです。

また、現代はネット社会ですから、どうしても気になる人には自分からどんどんアポを入れて会いに行けばいいんです。そう考えると、気持ちがスッとラクになりました。

たとえば異業種交流会に参加したとして、参加に要した会費を取り戻すべく名刺を十枚集めている十分と、気の向いた人と出会えたご縁に感謝して、名刺交換をきっかけにその人とゆっくりお話しをする十分とでは、どちらが有益な時間の使い方だと思いますか?

僕は、絶対に後者だと思っています。

必死になって名刺集めをするだけでは、何の意味もないのです。

まとめ●名刺交換は、気の向く人とだけでいい!

33

人間関係をより広めたいのなら……

では、気の向く人とだけの、気楽な名刺交換から、どうやって人脈づくりへとつなげていけばいいのでしょうか。

より人間関係を発展させるためには、次の二つのステップを踏んでください。

最初のステップは**「気の向く人を増やしていく」**こと。

気の向く人を増やすために、心の中で唱えてほしいのが、次のような言葉です。

「この人のこと好きかも」

「この人のこと怖くない」

「この人と合う気がする」

こんなことで本当にうまくいくのか？　と、疑問に思うかもしれませんが、人づき合いが苦手なタイプには、こういう暗示がとても効果があります。まずはこの言葉を唱えて、人を拒絶しないようにしてください。自分の心の壁がなくなれば、向こうも近づきやすくなるものです。その中で、直観的に気が向く人だけに会っていけばいいのです。

ただ、「前は少し苦手だなと思ったけど、今は平気」という人が重要な人脈になることも結構あります。

そのように、おつき合いの中で、初めに抱いていた印象と違うなという人が増え始めたら、**あなたの器が少しずつ広がり、「気の向く人、好きな人の幅が広がった」**ということです。気の向く人との関係を少しずつ増やしていければ、徐々に人づき合いにおいて自信がついてくるはずです。

たとえば、僕は朝活を主催していますが、最初は僕を含めて、たった二人からスタートしました。

「一人ではきっと継続することができない」という、何ともはた迷惑な理由で友人を巻き込んでしまったのですが、その友人はまぎれもなく気が合う人。気軽につき合ってくれる優しい人なのです。

この、「ゆるあさ」という名の日本一ゆるい朝活は、週に1回の開催で、すでにスタートして3年以上経過しました。回数にして200回以上の開催となっています。このコミュニティにかかわっている人は120人弱で、ものすごく大人数というわけではありませんが、着実にメンバー間のつき合いや交流が広がっています。

北は北海道、南は九州まで、ネットを介してご参加いただいており、僕が主催している場所以外でも支店開催があったりします。本当にありがたいことですが、無理に人脈を広げるというよりも、自然発生的に広がっていった結果です。

こんなふうに、気が合う人たちとのおつき合いを無理せず続けていくだけでも、人脈は広がっていくものなのです。

では、二つ目のステップについてお話ししましょう。

それは、自分から名刺交換しなくても、向こうから名刺交換したくなる人になる、ということです。つまり実績を上げ、相手にとって魅力的な人物になるわけです。

この領域に達することは容易ではありません。

ただ、このステージに到達さえすれば人脈づくりがラクになるのも事実です。気が向くとか向かないとかを判断する必要はなく、人間関係が勝手に広がっていくからです。

そういう人になるために**大切なことは、「行動を起こし続けること」です**。もう少し具体的に言うと、**目の前のことをきちんとこなしていくことです**。

「えっ、そんなことでいいの？」と驚かれたかもしれませんが、そういう小さな行動をきちんと起こして、続けるという当たり前のことを、たいていの人ができていません。

本書のタイトルの「のび太でも売れます。」とは、じつは**「のび太は小さなことをバカにしません」という意味でもある**のです。

そういう小さなことを、無理せず大切にしていく方法をお伝えするのが本書の最大の目的です。周りのライバルが目立つことばかりに気をとられているときこそ、小さな行動で差をつけるいいチャンスだということを忘れないでくださいね。


まとめ●気の向く人との出会いを増やそう！

34

謙虚さを忘れたくないのなら……

僕がする唯一の家事手伝いは、ゴミ捨てです。

家庭ではここでしか役に立てない僕は、ゴミ捨てだけはしっかりやるようにしています。

そして、ゴミを集積場に置くとき、習慣として必ず続けていることがあります。それは、**「ありがとう」と口に出して言いながら、そっとゴミを置くこと**です。

そもそもゴミたちは、一つひとつにちゃんと名前があって、僕たちの役に立ってくれていたものです。最初から〝ゴミ〟だったものなんて一つもありません。だからこそ感謝を込めて「ありがとう」と言うのは、当然のような気がするのです。

そうすることで、**無意識レベルで傲慢になっている自分をリセットできる**のです。

気持ちがリセットされる体験を普段からしておけば、仕事に向かうときに必要な謙虚な気持ちを取り戻すことができます。この「謙虚になる」ということは、営業に限らずあらゆる仕事で大切なことです。

仕事は決して一人でできるわけではありません。

特に、ずっと結果を出せなかったのが急にブレイクした……なんていうときが、いちばん危ないのです。

まさにドラえもんにひみつ道具を借りてすぐ、うまくいってしまったのび太くんのように、調子に乗って大きなミスをしでかしてしまうことがあります。

マンガの中でならゆるされても、現実社会の人間関係では取り戻せないミスもあります。だからこそ、どんなに勢いがあるときでも、決して謙虚さを忘れてはいけないと思います。

謙虚さを忘れないための基本は、周囲に対して感謝することです。

つまり、「ありがとう」と、素直に言うことです。

ただ、僕もそうですが、なかなか誰かに面と向かって「ありがとう」を言えない人は多いと思います。でも、捨てる直前のゴミにならなら、恥ずかしがらずに言えるはず。

不思議なもので、この**「ゴミ捨てありがとう」を実践すると、日常の会話でも「ありがとう」が自然と出てくる**ようになります。

朝一でコピー機の紙を補充してくれる人に感謝するようになる。電話受付をしてメモを残してくれた人に感謝するようになる。掃除のおばちゃんに「いつもありがとう」と言えるようになるのです。

小さなことにも「ありがとう」を自然と口にできる人になれば、自分も幸せな気分になれます。

最近ちょっと失敗が多くて、いいことないなぁと感じたら、「ありがとう」を言ってるかな、と振り返ってみてください。

まずは僕のようにゴミなどのものから始めるといいと思います。

まとめ●「ありがとう」と自然に言えるようになろう！

35

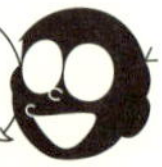

なかなか「いい行動」ができないのなら……

「人の話はよく聴きましょう」

小学生の頃からよく言われていることですね。

聴くという字は「耳で聞いて、目で聞いて、心で聞くのだ」と言われます。営業では、「傾聴」という言葉が使われます。

コミュニケーションにおいて「聴くこと」は基本中の基本ですが、じつは、人との会話において、自分の発言をいちばん近くで聴いている人がいます。

それは、まぎれもなく自分自身です。

相手からの言葉に耳を傾けて、うなずきを交えながら聞くのがインプット。それを受けて、話したり、書いたりするのがアウトプットです。

僕たちは当たり前のようにそう思いがちですが、じつは**言葉を発してアウトプットをしていると同時に、いちばん近い場所で、自分自身が発した言葉をインプットしている**のです。

自分自身が話している言葉と、相手から話しかけられる言葉に差異はありません。これは脳科学において実証されていることです。

「誰も聴いていないから、誰も見ていないから」ではなく、自分は聴いているし、見ているのです。たとえば、「ありがとう」「むかつく」「泣きそう」「嬉しい！」などという言葉は全部、五感を通して、僕たちの脳が認識しているのです。

つまり、**自分が発する言葉によって、何より影響を受けるのは、自分自身にほかならないわけです**。

だったら言葉を発するとき、いちばん近くで聴いている自分のために、心地よい言葉や気分が上がる言葉を使ったほうがいいと思いませんか？

その結果、周囲にもよい影響を与えることができるはずです。

いちばん効果的な言葉が、先述した「ありがとう」です。

身近な人やものに「ありがとう」と言えるようになったら、どんどん「ありがとう」を伝える範囲を広げてほしいのです。

僕の師匠の和田裕美さんは**「ありがとうで返事をする」**と著書の中で書いていています。

コンビニで買い物したときに店員さんに言ったり、メールの返信の冒頭につけたりと、「ありがとう」は返事としてあらゆる場面で使うことができる言葉なのです。

しかも、自分にもいい言葉の影響が返ってくるのだから、一石二鳥ですよね。

僕は「ありがとう」と言うと心がとてもスッキリして、爽やかな風が吹き抜ける感じがします。

「ありがとう」に限らず、みなさんは**目の前の事実に対し、あらゆる「いい言葉」を使ってほしい**のです。

辛い出来事に遭遇したら、「これでいいのだ」とまずは事実を受け止めてみる。

失敗するかもしれないと思ったら、「なんだかうまくいきそうな気がする」と言う。

ひょっとしたら悲しみを拭うことはできないかもしれませんし、結果も変わらないかもしれません。

ただ、こうした言葉を発していけば、自分自身の行動は確実に変わっていくはずです。

繰り返しになりますが、**自分が発した「いい言葉」を、脳はその通りに認識し、インプットするのです**。それは、**いつの間にか「本当のこと」として無意識のうちに行動にも表れるようになります**。

僕が営業成績を残せるようになったのも、「僕のようなのび太でもちゃんと売れるんだ」と言葉に出して自分にどんどん言うようになったからです。

言葉を意識的に使えるようになれば、きっと簡単に自分をコントロールできるようになるはずです。

まとめ●「ありがとう」のようないい言葉をいつも使おう！

36

もっと向いている仕事があるのではと悩んだのなら……

一度きりの人生だから、この仕事よりも、もっとやりたいことをやるべきじゃないのか……？

仕事をしていて、そんな気持ちになったことはありませんか？

しかし、よくよく「自分のやりたいことってなんだろう。向いていることってなんだろう」と考えると、案外これだという明確なものが出てこないものです。

「この仕事がやりたいわけではなかった」と言いつつ、右往左往する。そして、最終的には悩みすぎて、身動きすらできなくなっていく――。

でも、ちょっと考えてみてください。

同じような道を行ったり来たりするくらいなら、これまで通ったことのない道を進んでみるほうが、何倍も経験値が上がると思いませんか。

だから、「やりたいこと」「好きなこと」「向いていること」を探そうとして身動きできなくなるよりも、一度それらを忘れた上で、目の前のことになにも考えず行動を起こしてみるのです。

べつに、夢や目標を持つことを否定しているわけではありません。

孫正義さんのように、とてつもない大きな目標から逆算して今を生きることができれば本当に素晴らしいし、人生の軸を持つことはとてもいいことだと思います。

ただ、**その軸はできれば柔軟性のある「しなるもの」であってほしい**のです。

「この道がすべてだ」という想いでつくられた頑強な軸でも、途中でポキっと折れてしまってはどうしようもありません。

実際、非常に有能であるにもかかわらず、「僕にはこれは向いていないから」と決めつけて、目の前の事柄と真摯に向き合うことをしていない人が多いように思います。

本当はやってみなければわからないのに、あきらめてしまうなんて、もったいないですよね。

悩んでいるのなら、向き不向きなど考えずに行動してみたほうが、自分の成長につながるのではないかと思うのです。

その点、のび太くんは、まさにいい例です。

まずやってみて、うまくいかなくて、そこから「ドラえもーーん」と、アドバイスを求めています。でも、一度行動を起こしているから、課題も具体的になっていて、だからこそドラえもんも手助けできるわけです。

実際やってみると「やりたい・やりたくない」とか、「好き・嫌い」とか、「向き・不向き」の問題はどこかに飛んでいってしまい、僕たちは目の前の課題に真剣に挑めるようになります。

僕が**営業を通して学んだ最大のことは、この「とにかく行動することがすべてだ」ということ**でした。

頭を使わない「営業馬鹿」と揶揄《やゆ》されるかもしれませんが、このほうが絶対に**スピードが速く、合理的で、結果として探していた「やりたい」「好き」に結びついていく**と思うのです。

さらに、行動をしながら自分を磨いていけば、「やりたい」とか、「好き」というより、もっと大きな「自分がこの人生で成すことは何か?」が見えてくるのではないかと思います。

じつは、それこそが本当の目標や夢に近いものである場合が多いのです。

とはいえ、現段階でそんなものが見えていなくとも、問題ありません。

今「やりたい」とか「好き」なことが見つからないのであれば、それこそ何かをつかめるチャンスだと思って、目の前のことと真摯に向き合い、行動を続けてみましょう。

まとめ●「やりたいこと探し」より、目の前のことを大切にしてみよう!

\コラム/

体に頼る、笑う

「おなか空いたなぁ」

「何だか体がだるいな」

「もう動けない」

これらは脳が僕らに伝達している電気信号です。「もう動けない」と感じても、本当に体が心臓の動きを止めることはないですよね。


脳はいろんな手を使って、僕らを騙そうとします。

もちろん、第1章のコラムで書いたように、こんなときに無理をして頑張ってしまうと大変な場合もあるのですが、それでもどうしても動かなきゃいけないときには、僕は「体に頼る」ようにしています。

「体に頼る」とは、本能に従って、気が向いたことからどんどん行動していくということです。

たとえば「タスクがいっぱいで何から手をつければいいかわからない！」となっ

たとき。優先順位を決めて、大事なことから片づけていくのがセオリーでしょう。

でも、あまりにも切羽詰っているときは、優先順位を体に頼って委ねてしまうのです。それはつまり、強制的に思考停止をして、体だけを動かしていく。踊る感覚に似ています。そうすると不思議なことに、頭の中を塞いでいた大量のタスクが、案外「たいしたことなかった」という具合に片づいているから不思議です。

ときには身体感覚に任せてみることも、現状を打開する手になると思います。

そして、笑うこと。笑いの効果はさまざまな場面で語られていますが、脳を反対に騙しちゃおうという作戦です。

「苦しいときになんて笑えないよ」そんな声も出てきそうです。

いや、おっしゃる通りです。いきなり「ハハハ」とは笑えないかもしれません。

ただ、どんなときにも笑える自分をつくるということを、少しでも頭の片隅に置いておいてください。そして、思い出したときに、ぜひ笑ってみてください。ふっと力が抜けるはずですよ。

第6章

折れた心を回復させるためには

37

自分にはそんなこと無理だよと不安になったのなら……

僕が現在勤務している支店（山梨県甲府市）に異動するときの話です。

新しい職場では、これまでの職歴では経験したことのない初めての業務をする予定になっていて、かなり不安でした。

そのとき同じ時期に異動する同期と、こんな会話をしました。


「正直不安なんだよ。やったことないから、できるかなって思って」

「あー、大丈夫だよ。酒井ちゃんはその業務、やれそうな顔してるから」

「へ？　そうかな。大丈夫かな」

「うん、何にも心配しなくていいよ、大丈夫だよ」

「あ、うん、ありがとう！」


やれそうな顔ってなんだ？　と思いつつ、単純な僕は、まったく根拠のない同期の言葉にとても勇気づけられ、非常にいいスタートを切ることができました。

「できそうな顔してるよ」

すごい言葉ですよね。この言葉を聞いて、焦燥した心は落ち着き、不思議と前向きな気持ちがもくもくと湧き上がってきたのです。

それ以来、不安になると、僕はこの言葉を自分で自分に投げかけるようにしています。

やりやすいのは朝の洗面所です。鏡を見ながら、こう言ってみる。

「大丈夫！　君はできそうな顔してるから」

声に出すのが恥ずかしいようであれば、最初は心の中でつぶやいてみるだけでも効果があると思います。

実際のところ顔はあまり関係なく、周囲に何を言われようが「僕はできる！」と自分で信じていたり、信頼している家族や友人から「あなたならできる！」と背中を押されたりしたら、きっとどんな茨《いばら》の道も進めると思うのです。

たったそれだけのことですが、これで難しい問題にも「できそうな気分」で向かっていけるのですから、やってみる価値はあると思います。

やる前の不安だって、それでかなり落ち着くはずです。

人間って、**実際にできるかできないかよりも「今、不安である」ことのほうが苦痛なんです。その苦痛を「できそうな顔してるよ」のひと言が取り去ってくれる**というわけです。

「できないなあ」『ダメだろうな」と思っていると、会社にだって行きたくなくなってしまいます。

まずは、できるかできないかを勝手に決めつけずに、「できそうな顔してる」と自分に言ってみて、「じゃあ、やってみようか」「せっかくできそうな顔してるんなら、それに見合う自分になろうか」と気分をアゲてみてください。

「いちばんいけないのは、自分なんかダメだと思い込むことだよ」

プロローグでも紹介した、のび太くんによる名言です。

実際、会社で働き始めて、今までなにもできずに過ごしてきた……なんていう人はいないでしょう。みんなその会社で、何かしら貢献して役に立っているはずなんです。

「自分はダメだ」「できない」の思考に陥る前に、「できそうな顔」だと自分に言う。それで、結果としてできなくてもいいんです。

次の日もやっぱり「できそうな顔してる」と思って会社に行き、いつかできたら、「やっぱりできたじゃないか!」と自分で納得する。

堂々としていれば、実際にできなかったとしても、責める人なんて誰もいないはずです。

自分への声かけで、自分に自信をつけていきましょう。

まとめ●「できそうな顔してる」と言って自信をつけよう!

38

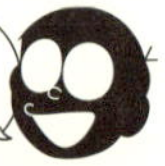

ストレスがかなり溜まっているなぁと感じたら……

みなさんに、「遠吠えしてますか?」と質問すれば、もちろん「してるはずないでしょう!」と冷静なツッコミが入ることでしょう。

犬や狼が遠吠えしている場面をテレビなどで時折見かけますが、なぜ彼らが遠吠えをするのかという理由は、じつはまだ明確になっていないようです。

僕は大学生の頃に合唱部に所属していて、今も歌う機会が少なからずあります。事前に発声練習で声の準備体操をするのですが、その発声練習プログラムの一つが「遠吠え」なのです。そう、**僕は定期的に遠吠えをしているんです。**

そしてこれ、疲れが溜まっているときに意外な効果があるのです。

なんだかわからないけど気分が落ち込んでいるとき、思いきり声を出すと元気になる。カラオケなどで、みなさんもそうした経験はあるでしょう。

遠吠えはそれをもっと凝縮させたものです。「合唱の練習、面倒だなぁ」と思いながら低いモチベーションのまま練習に臨んでも、**遠吠えを始めた途端、不思議とテンションが上がってくるのです。**

もちろんふつうの人には、合唱練習の機会はないですよね。けれども僕は、「遠吠え」の効果を知ってから、これを日常生活の中でも習慣として取り入れています。月並みですが、声を出しやすいのはお風呂場。そして、もう一つは車の中。

遠吠えのやり方は、「わおーーーん」でも「うおーーー」でも何でもかまいません。どんな言葉でもOKで、何も考えずに大音を出してみる。音の高さはファルセット（裏声）になるかどうかぐらいの高めの音で、まさに山の頂上から遠くにいる誰かに「ヤッホー」と声を届けるようなイメージです。

じつは声をつくる腹筋は、ヨガの世界でいう第一チャクラに該当します。昔から〝気を溜《た》める〟と言われる丹田（おへそのすぐ下）ともつながっています。

たとえば、ハンマー投げの選手は、ハンマーを高々と投げるとともに「はんがーーー！」という、言葉では表現できない絶叫を出しますよね。

まさにこれは、**声を力に変えて放出している**わけです。声を出すときに使う腹筋などのインナーマッスルさえも駆使して、全身のパワーをその動作に費やしているというわけですね。声を出すときに生まれるパワーは確かにあるのです。

また、緊張して黙っているより、声を出すことで、リラックスをうながす副交感神経が刺激されることも科学的に判明しています。

営業という仕事は、最終的にはお客さまに判断を委ねる仕事です。

自分ですべてをコントロールできるわけではないので、知らず知らずのうちにストレスを溜め込んでいくこともあるでしょう。

声を出すことでそれらが発散されて、気持ちがリセットできるなら、素晴らしいメンテナンスではないでしょうか?

即効性があることなので、ぜひみなさんも「遠吠え」を活用してみてください。

まとめ●ときには「遠吠え」をしてリセットしよう!

39

自分に自信が持てないなぁと感じているなら……

地下から地上へ。あるいは、オフィスやデパートの下の階から上の階へ。エスカレーター、エレベーター、階段という手段がある場合、みなさんは普段、どれを使っていますか？

僕はほとんど階段を使っています。しかもその際登山を模してです。高層オフィスでの勤務だった頃は、それぞれ18階、22階と階段登山をしていました。最初は運動不足解消で始めたことなのですが、じつはエレベーター、エスカレーターの渋滞を見るたびに、階段が寂しそうだなぁと思って始めたのです。

運動らしい運動をしていない僕ですが、階段登山を始めてからは、かなり自分の足腰が強くなったような気がします。

「階段を上る」という小さな達成感でも継続して得ていると、日常生活に意外な効果を生み出します。**達成感とともに自己イメージが高くなり、自信を持って物**

事に取り組むことができるようになるのです。

たかが階段で？　と思われるかもしれませんが、これは本当です。**階段を一段一段上っているうちに、考えがまとまったり、新しい発想が浮かんだり、ストレスが軽減していくといった効果があります。**こうした運動と脳科学の関係性はすでに実証されていて、階段登山で得られる想定外の効果に、みなさんもビックリすることになると思います。

国民栄誉賞を受賞した登山家の植村直己さんは、トレーニングの一環として、自宅の階段を何回も何回も上り下りして、体力をつけていたそうです。

一説によると、階段上りは、平地を歩く場合と比較して約五倍の運動になるとのことです。階段登山を続けていくうちに気づいたのですが、仕事ができる人ほど、エレベーターやエスカレーターを使わずに階段を利用している気がします。

もちろん、いきなり階段の利用率を一〇〇％にしなくても大丈夫です。

最初は「階段」を意識することから始めてください。自宅、駅、オフィスの階段など、これまで視線の外に追いやっていた階段を、まずは見直すのです。

また、上り始めるのが大変だなぁと思う人は、下りから開始するのもオススメです。

下るだけでは効果がないように思うかもしれませんが、階段下りも、上りとは逆方向に筋肉が引き伸ばされる効果があり、長い時間をかけて下り終わると足がガクガク震えてしまうほどです。

また、週に一度は階段の日を決める、通勤時、あるいは勤務時間中のフロア移動は階段を使うなど、少しずつでかまいませんので、階段の使用率を上げていけばいいと思います。

階段登山の習慣を続けると、エレベーターやエスカレーターに頼りっぱなしの人たちより、ちょっぴり自分がプラスのことをしているような、人に気づかれない程度のわずかな優越感も味わえますよ。

まとめ●「階段登山」を試してみよう!

40

なかなか仕事に集中できないのが悩みなら……

僕の目は、細くて小さいんです。

かつて大学生三〇〇人超が集まった会で、「目の細さ」選手権を開催し、優勝したこともあります。自慢にできるかどうかは疑問ですが（笑）。

父親からの遺伝だと思いますが、おかげさまで目をカッと見開くだけで、笑いが取れます。かみさんは一〇〇％笑ってくれるし、三歳の娘にも通用するので、ときどき「どんな顔なんだろう？」と落ち込んでしまうのですが、とにかく便利な秘密兵器になっています。

しかしながら、じつはこの「目をカッと見開く」という行為は、気分を上げる効果があることに気づいたのです。僕のように線で書ける細い目をお持ちの方だけではなく、目がパッチリ大きな人でも使える気分転換テクニックです。

騙されたと思って、早速、目を見開いてみてください。

可能であれば鏡でご自身の顔を見ながら、一〇秒くらい。多少目が開けづらくても「カッと見開く」状態を続けてみてください。

たとえるならギャグマンガによくあるような、目から「キラーン」と星型が発光するイメージです。

そんなことで本当に効果があるの？　という意見も出てきそうです。

しかし、ものごとに真剣に取り組んでいるとき、人は本当に目が見開かれていることが多いものなのです。「開眼」という言葉も、真理を悟る意味で使われています。

僕自身は、真剣な心持ちで目を開けていると、開眼の極致に近づける気がします。それは、決して気のせいではないと思います。

本書を書いている今も、僕は目を見開いています。やっぱりそのほうが集中できるし、「よし、やるぞ！」と気合が入り、気分が上がるからです。

また、目を見開くことによって、周囲に対してあなたの本気度を伝播させることができます。

商談の際にはいつもより少し目を大きく開けて臨んでみてください。気迫のような、目に見えない勢いが確実に相手のお客さまに伝わっていくでしょう。

僕はプレゼンや講演といったお客さまの前に立つときは、目を少し大きめに開いて発言することを心がけています。

目を見開くことで、顔にある十八の筋肉が刺激され、口や耳、鼻をはじめとする他の器官も活性化するのです。結果、発表している僕はいっそう集中できますし、お客さまにも受け入れられていると感じます。

周囲へのアピールという意味でも、目をカッと見開いて仕事をしていると、「酒井さんは集中しているからあとにしよう」ということになり、集中できる環境づくりにも役立ちます。みなさんもぜひ試してみてくださいね。

まとめ●目を「カッ」と見開いてみよう！

41

体の中から元気が湧いてこないときには……

「わぁ、朝からいい天気で気持ちいい！」

なぜだか、快晴で始まる一日は元気になれますよね。

ひなたぼっこ、日光浴という言葉があるように、適度な時間、太陽の光を浴びることは、健康的によいとされています。日光のおかげで体内にビタミンDが作成されたり、体内時計を整える効果があるようです。

たとえば南向きのバルコニーが好まれたり、縁側が陽の当たる場所につくられたりするのは、人が日の光を好むからだと思います。

ところでみなさんは、太陽の大きさをご存知ですか？

直径が約一四〇万km。なんと地球の約一〇九倍の大きさだということです。

こんなものがなぜ宇宙にあるのでしょうか？

考え出すときりがありませんが、太陽を身近に感じる例として、理科の時間を思い出してみてください。

虫眼鏡を使ってうまい具合に日光を集め、黒い紙に一極集中で光を当てると燃え出すという実験です。

ものすごく大きな太陽の力のほんの一部を凝縮することで、手元にある紙が燃えるなんて、小学生の自分にとっては非常に不思議な体験でした。

この、紙に太陽のパワーを点火させる実験。じつは人間にも応用できるのです。太陽を全身に浴びて、あなたの体にパワーを充填しているイメージをしてみてください。その強い太陽パワーをもらっていると思うと、ぐんぐんと勇気が湧いてくるはずです。

じつは、太陽の光を浴びることは、精神的にかなり効果があるのです。

また、物理的に適度な日光浴をするだけではなく、**心の中に太陽を持ち、太陽のエネルギーを感じている自分をイメージすることも大切です。**

「自分の体の中にも太陽がある」というイメージを膨らませると、いつでもどこでも背筋がしゃんと伸びて、ついつい背伸びをしたくなるから不思議です。

太陽は、常に輝いていますよね。

僕たちから見ると、雲がかかったり、雨が降ったり、地球の角度によって日照時間が変化しますが、太陽自体は変わらず光り輝き、燃え続けています。

そんな堂々としたイメージを、心の中に抱くのです。

そうやって、**いつも自分は太陽とともにあるんだと思っていると、不思議と周りの人たちを引き寄せることができます。**

僕の場合は、のび太くんレベルの太陽なので、暑さに参ってしまうような夏の太陽ではなく、穏やかな春の太陽みたいな感じでしょうか。

そう考えると、少しだけでも温かい気持ちになりませんか?

まとめ●自分の中に太陽をイメージしてみよう!

42

自分の考えや行動が「狭い」と感じているのなら……

僕は仕事の移動中、道路の隅で伸びをしている猫を発見したり、ベビーカーに乗った赤ちゃんを見かけたりすると、ついついニンマリと怪しい笑みを浮かべてしまいます。その瞬間、ちょっとだけ忙しいビジネスの世界に身を置いていることを忘れ、心和らぐ気がするのです。

フェイスブックでも、子どもや動物の画像がシェアされ、多くの人が心癒されているようです。癒しを求めて猫カフェや犬カフェを頻繁に訪問する方もいるようですね。

なぜ僕らは、こんなに子どもや動物に癒されるのでしょうか？

シンプルにかわいいからだとは思うのですが、僕なりの解釈を付け加えると、子どもや動物は、自分の生きたいように生きているからだと思います。

つまり、**何の意図もなく、ただ無邪気に、素のままに生きている**ということです。

社会の一員である大人の僕たちは、天真爛漫、無邪気さばかりでは、世の中の荒波を泳ぎ抜くことはできないとわかっています。

しかし、そうわかっていても、人生、うまく波を乗りこなせないときだってあります。「会社に行きたくない」と思うこともあります。

そんな日には子どもや動物のように、何も考えることなく、ただただ遊び、したいことを優先すればいいのです。いや、現実にはできなくても、そう考えるだけで少しラクになれる気がするはずです。

子どもや動物のような無邪気さを持つことに、僕たちは心のどこかで憧れを抱いているのではないでしょうか。この感覚は、ストレス社会を生き抜く上で、とても大切です。

ビジネスにおいては、根拠となる数字やデータを用いて考え、常に合理的、ロジカルであることは基本であり、当然のことと思います。でも、そればっかりじゃ面白くありません。

ＡＫＢ48の生みの親、秋元康さんは、過去のマーケティングデータのみに頼らず、自分が面白いと思ったことから企画を生み出すとおっしゃっています。だからこそ、人が思いつかないような斬新なアイデアを展開できるのかもしれません。

大人になり、社会人として働いていると、ついついロジカル一色になってしまいます。周りがデータ重視、ロジカルで合理的になっているのなら、あえて自然に抱くあなたの素直な想い、無邪気な心を大切にしてください。それらを定期的に思い出すきっかけとして、子どもや動物と触れ合ってみるのです。

「大人になるということ＝無邪気さを捨てる」ということではありません。

枠にとらわれ、「べき論」に振り回されて、思考停止になるくらいなら、ときには子どもや動物のように自分の気持ちを優先させて行動してみましょう。

自分の「こうしたい」を大事にし、素のままに生きてみる。

きっと、そこで感じる何かが、人間関係や仕事にもプラスになるはずです。

まとめ●子どものように、たまには無邪気に生きてみよう！

43

気持ちと行動がズレていると感じるのなら……

「涙活《るいかつ》」という活動を知っていますか？

能動的に涙を流す活動のことで、副交感神経を刺激し、興奮状態やストレス状態を和らげる効果があるそうです。

僕はよく感動で涙を流します。そのおかげなのか、今では何があってもあまりあとに引きずらなくなりました。

のび太くんもいつも泣いてばかりいますよね。そのせいか、立ち直りも早い。

これとまるで同じなのです。

大人になって涙を流す機会が減った人もいると思いますが、そんな涙を流す暇もない大人だからこそ、**「感動する時間」を、日々のちょっとしたタイミングでつくってみてほしいのです。**

みなさんは日常で感動していますか？

どんなことに感動しますか？

僕は感動屋なので、わりとどんなことにも簡単に感動できます。例えばフィレンツェで観た絵画『キリストの洗礼』に感動して泣きました。ゆずの『虹』を聴いても感動します。日テレ系の『はじめてのおつかい』シリーズに至っては毎回泣きます。

「そんな簡単に感動することなんてないよ」「最近いつ涙を流したか思い出せない」なんて人もいるかもしれません。しかし、慣れてくると、誰でも自分の気持ちを盛り上げ「感動させる」ことが上手にできるようになります。

そしてじつは**感動を見つける過程に、重要なポイントがあるのです。**

感動する理由は、何も特別なことばかりではありません。

たとえば、衣食住。住む場所があってよかった。今夜はぐっすり眠れた。ランチで食べたカレーがおいしかった。肌着が心地よかった……。

え？　そんなことで？　と思うような当たり前のこと、ありふれたことであっても、状況やタイミングによって奇跡的、感動的なことだと僕は思います。

大切なのはそのことに気づけるかどうか、ではないでしょうか。


日本に生まれてきてよかった。

1億2千万人いる人口の中からあなたに会えてよかった。

こんな暑い日に涼しい部屋があってよかった。

今を生きていること自体が、奇跡の塊のようなこと。今ここに存在しているというだけで、じつは感動的なことなのです。

そんなふうに、日々、いろんなことに心を動かされる人になればなるほど、いろんな人とたくさんの感動を分かち合うことができ、それが人間関係にもいい影響をもたらしてくれるようになります。


仕事をしていると、理論（脳みそ）と感情（体）が不一致を起こしてしまうことがよくあります。

肌が合う、なんとなく好き、空気が悪い……という感じで、意識する、しないにかかわらず、人間の「五感」が働いて、人は常にさまざまな感覚や情報を受信しています。

しかし、仕事においては、体が「嫌だ」という情報をキャッチしていても、「いや、この人とつき合わないと得にならないから」と、**脳みそが情報の書き換えをして、仕事や損得勘定が最優先なほうに進んでしまうことが多い**ものです。

それで成功すればいいのですが、体の感覚を無視しているわけですから、どこかで歪みができてしまう。お金のために嫌な相手と無理してつき合って、いつしかストレスに蝕まれることもあります。

僕はこんな状態を、**理論（脳みそ）と感情（体）の不一致**と呼んでいます。

この不一致は、自分では無意識の間にどんどん蓄積されていきます。すると、「仕事をしたくない」とか「会社に行きたくない」という状態を引き起こしてしまうわけです。


こんな状態にならないように、僕は「感動する時間」をつくっています。

感動すること、涙を流すことが、身体的にどのような効果があるのか、僕は専門家ではないので偉そうなことは言えません。ただ、少なくとも人間らしさを取り戻すことができる時間だと思っています。

そしてそうすることにより、**目先のメリットやデメリットを超えて、人間としての感覚を取り戻し、理論と感情の不一致をリセットすることができる**というわけです。

何気ない日常を感動に変換できるようになれば、人生は劇的に変わっていきます。

感動しなきゃ……と焦る必要はありません。

身の周りにある出来事に、徐々に気づいていけばいいのです。

慣れてくると「自分が感動すること」について考えを巡らすだけで、涙が溢れそうになります。

そうすると、とてもスッキリした気分になれるはずです。

まとめ●日常の中で感動し、遠慮なく涙を流してみよう！

44

「しんどい！」という思いに押しつぶされそうなら……

高層ビルに囲まれた空の狭い都会だからでしょうか。街行く人を見ていると、視線を足元に向けて歩いている人が多い気がします。

僕は「あー、しんどいなぁ」と思ったとき、頭をぐいっと九〇度上にあげて、空を見上げることにしています。いや、じつは空ではなく、空を通り越して、宇宙を見上げるようにしているのです。

もちろん肉眼ではどれだけ目を凝らして見たとしても、正確に宇宙を見ることはできません。

でも、空だと天候によって晴れ、曇り、雨とさまざまに変化して、そのつど影響されやすいですよね。だから、もっと普遍的な存在を、空の先の宇宙に求めているのかもしれません。

別にスピリチュアルな話をしているつもりはありません。

「上を向くだけで気持ちを切り替えることができる」という簡単な方法を、みなさんにお伝えしたいのです。

山積みの仕事に押しつぶされて残業続き。一人で問題を抱え込み、プレッシャーで苦しくなって……そんな経験はありませんか?

そんなときこそ、宇宙を意識して空を見上げてみてください。どんな天気のときでも、空のずっと先を見つめるのです。

夜空であれば星が見えるかもしれません。宇宙にある星は小さく輝いています。しかしそれは、僕たちの目に小さく見えるだけで、宵の明星である金星の大きさは、正確には地球と変わらないくらいなんです。

そんな星がいくつも点在している宇宙からすると、僕たちが抱えている問題なんて、もう、それこそ本当に小さな霞《かすみ》のようなものです。

たとえ今後、地球上に天変地異が起こっても、宇宙に影響を及ぼすことはないでしょう。

そんなふうに恒久的で、壮大な宇宙に囲まれていると思うだけで、悩みなんてどこかに吹っ飛んで行く気がしませんか?

もちろん、現実に視線を戻せば、いろんな問題が待っているのは事実です。でも、その**問題だけしか見ていないときと、宇宙に想いを馳せたあとでは、何か確実に、自分の気持ちの中で変化が起こっているはず**です。

営業の本などでよく、「営業はやりたいことをやりたいように、自由にやれば売れる」と書かれていますが、なかなかそう簡単にはいきません。どうしても我慢しなければならない場面も出てきます。

だけど、そんなときこそ宇宙を見上げ、気分を切り替えてリフレッシュしてほしいのです。

「君はこの先、何度も転ぶ。でも、その度に立ち上がる強さも君は持っているんだよ」

五〇代になった未来の「のび太氏」が、現在の「のび太くん」に送った有名なメッセージです。

どんな悩みだって、宇宙にはまったく影響しない小さなものです。

そう考えたら、ぐずぐす悩んでいるより、何度も挑戦して自由に何かやればいいと僕は思っています。それで宇宙や僕たちがいる地球がなくなることなんてないのですから。

まとめ●いつだって宇宙を見上げてみよう！

＼コラム／

「永遠に生きるつもりで夢を抱け。今日死ぬつもりで生きろ」

これは僕が大好きなジェームズ・ディーンの言葉です。

なかなか含蓄深く、いつも肝に銘じているつもりですが、解釈を実践するのが難しい言葉です。

「死」は必ず全員に訪れる唯一のものです。

確実なものが少ない世の中において、生まれて、死ぬことは無数に繰り返されている現実ですよね。

僕はまだ死生観を語れるほど経験豊かではありませんが、「いつ死ぬかは誰にもわからない」と常に思っています。

しかし、だからこそ、止まっている暇はないのだと思います。

僕がこの言葉から見出している解釈は、「日々に感謝して生きること」です。

感じつつ次世代にバトンを渡すために、日々を生きていく。

言葉一つでこんなにも励まされるものなのだなぁと感じています。

もう一つ紹介したいのが、僕の師匠である和田裕美さんの言葉。

「事実は一つ。考え方は二つ」

和田さんの代名詞、陽転思考です。

（※詳しくは、『人生を好転させる新・陽転思考』（ポプラ社）をご参照ください）

目の前にある事実は一つ。

事実に対してどう認識するかはあなた次第。

「よかった」を探して、「よかった」を選んでいこうという考え方です。

私がこれまで助けられたこの言葉をコラムの最後に添えておこうと思います。

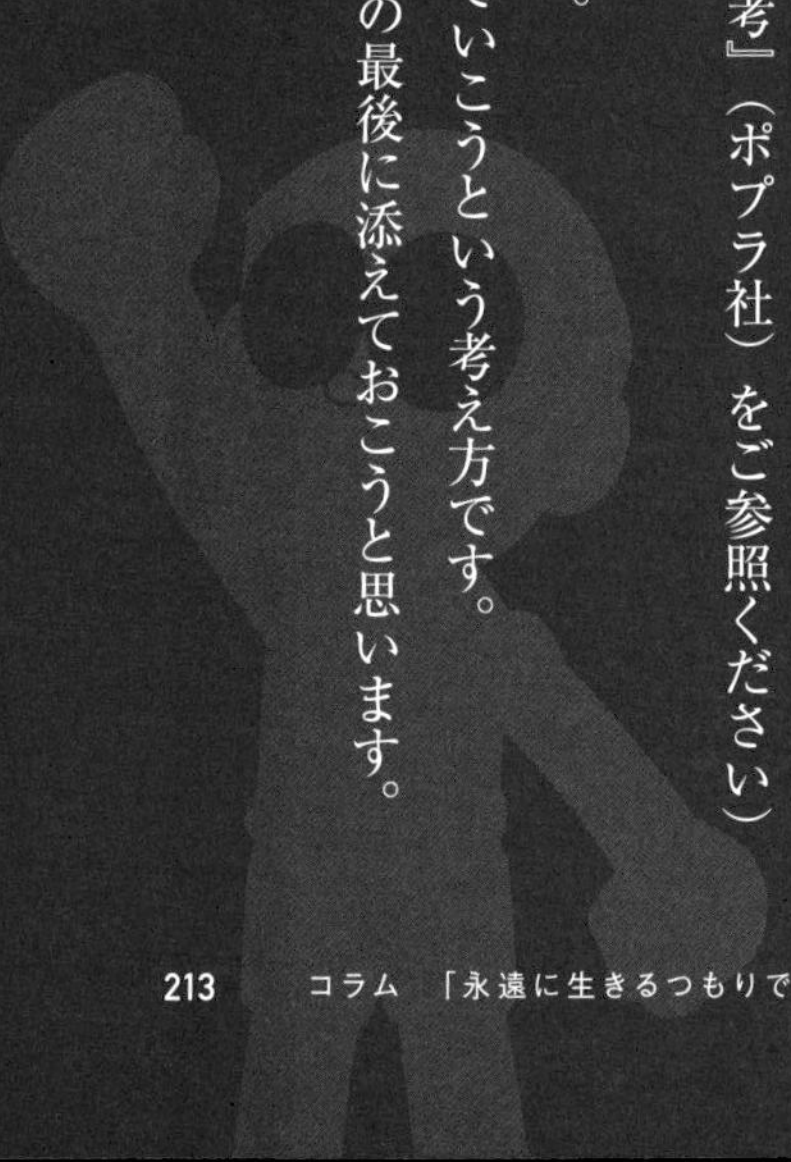

【著者プロフィール】

酒井晃士（さかい・こうじ）

1982年大阪生まれ。青山学院大学理工学部卒業。大学卒業後、株式会社NTTドコモに入社。主に法人営業に従事し、所属支店に与えられた目標額を1人で達成するなど、5期連続で目標達成率300%以上を実現。20代にして3度のビジネス表彰（社長賞）を受賞する。また、和田裕美認定講師として、営業講座、コミュニケーション講座など、インストラクターを務める。すでに100名以上を指導し、スキルのみならず心のあり方を伝えると好評を博す。

現在、主催している朝活「ゆるあさ」は開催200回を超える。さらに、さまざまな著者をゲストに迎える読書会「スゴドク」、新渡戸稲造の『武士道』をテーマにした「ブシエド」などを企画運営し、社内外問わず数多くの人とつながっている。

趣味はカラオケと史跡巡り。現在1児の父親として育児奮闘中。

【Strengths Finder】
社交性／ポジティブ／最上思考／目標思考／コミュニケーション

のび太でも売れます。

2015年9月10日　第一刷発行

著者　酒井晃士
発行人　出口 汪
発行所　株式会社 水王舎
〒160-0023
東京都新宿区西新宿 6-15-1 ラ・トゥール新宿 511
電話 03-5909-8920

本文印刷　信毎書籍印刷
カバー印刷　歩プロセス
製本　ナショナル製本
校正　斎藤 章
編集担当　田中孝行　大木誓子

ISBN978-4-86470-028-3 C0095